málaga

und Provinz

Einfacher Reiseführer
gestern und heute

Text: **Friedrich Abad**
Design: **Ignaz Collado**
Fotografie: **Josef Garrido**
Infografie (Rekonstruktionen): **Arketipo Multimedia**
Archäologische Dokumentation: **Proyectos MLK, S.L.**
Übersetzung: **Anton Peer, Babel Córdoba**

Zusätzliche Fotografien: Daniel Martínez (S. 15, 31, 45, 59, 61, 75); Alexander Pérez-Malumbres (S. 14, 48), Proyectos MLK, S.L. (S. 18, 73), Johann Anton Martín Ruiz (S. 19, 20), Museum Málaga (S. 26), Patronat der Höhlen von Nerja (S. 67, 68), Blanca Lasso de la Vega (S. 43, unten), T. Tabanera (S. 43, oben), Alfred Sotelo (S. 96: Jüngling von Antequera), Gemeinde Antequera (S. 96: Gott Ozean).

Danksagungen
Rafael Martín Delgado, Ciro de la Torre, Bartholomäus Mora Serrano, Josef A. Molina, Virgilio Martínez Enamorado, Pablo Solo de Zaldívar, Manuel Iriarte Moncayola, Joachim Sendra; die Firmen Arqueosur, S.C., Taller de Investigaciones Arqueológicas, S.L., Estinca Ingeniería Cartográfica-Turismo Andaluz, S.A.; Patronate des botanisch-historischen Gartens de la Concepción und der Höhle von Nerja; die Fremdenverkehrsbüros von Antequera und Ronda; den Abteilungen für Archäologie und Kunstschätze der Gemeinden von Antequera, Fuengirola, Ronda und Vélez Málaga; der Provinzialbehörde für Kultur der Regionalregierung Andalusiens und dem Museum von Málaga.

Málaga und seine Provinz "Gestern und Heute"
Herausgegeben von: **Ediciones Ilustres, S.L.**
C/ Eduardo Lucena, 5. 1º dcha. 14008 Córdoba
Tel. 957 497 103.
www.ilustres.com
e-mail ediciones@ilustres.com

Alle Rechte vorbehalten
I.S.B.N.: 84-931713-8-7
D.L.: CO-224-2002

Vorstellung

Málaga und Provinz, die sich mit dem populären Siegel der *Costa del Sol* identifizieren, haben sich im Laufe der zweiten Hälfte des 20. Jhs. in eines der größten internationalen Fremdenverkehrszentren verwandelt. Die Qualität seiner unzähligen sich auf einer 150 km langen Küste aneinanderreihenden Strände, sowie sein freundliches Klima sanfter Temperaturen während des ganzen Jahres, waren grundlegenden Elemente, um eine große Anzahl verschiedenster Sonnen- und Strandtouristen anzuziehen. Diese Touristen sind auch der bizarren landschaftlichen Schönheit der Provinz nicht abgeneigt und laden zur Erforschung seiner Naturgebiete ein. Die Landschaften Málagas, mit den hohen Bergen der betischen Sierras, Schauplätze bedeutender Rebellionen —der Mozarabes von Bobastro, der Morisken von Frigiliana, der Bandoleros der Sierra von Ronda— bieten fruchtbaren Tälern Schutz in welchen traditioneller Weinbau mit neuen Anbauarten einhergehen.

Die hervorragenden geographischen und klimatischen Bedingungen Málagas begründen andererseits auch die unanfechtbare Bedeutung seines historischen Erbes. Zeugen vorgeschichtlicher Ansiedlungen sind die Felsmalereien der Grotten von Pileta und Nerja, während die Dolmen von Antequera die Konsolidierung einer geschichtliche Organisation bestätigen, die in diesen Gebieten bereits vor über vier Jahrtausenden existierte. Aber Málaga tritt in die Geschichte ein, als im 8. Jh. v.Ch. die Phönizier während ihrer Expansion im Mittelmeergebiet an ihren Küsten die idealen Bedingungen zur Gründung von Handelshäfen und Pökelindustrien wie *Malaka*, *Suel* oder das vermutlich griechische *Mainake* fanden. Die Fähigkeiten der semitischen Niederlassungen sichern deren Fortbestand während der langen Vorherrschaft Roms, eine Periode in der außerdem wichtige Zentren an strategischen Stellen für die Verbindungen ins Inland erscheinen. Während *Acinipo* und *Singilia Barba* verschwanden, begleiteten die Nachbarstädte Ronda und Antequera die Stadt Málaga in ihrer Entwicklung in der Andalusí Periode, während andere Orte wie Archidona oder Vélez-Málaga Bedeutung erlangten. In der Tat, man kann sagen, dass die städtischen Anlagen Málagas im wesentlichen maurisch sind, ohne dabei jedoch die christliche Expansion von Ronda und Antequera zu unterschätzen, oder die von religiösen Orden gegründeten Ortschaften oder Herrschaftshäuser, weder die ehrgeizigen Pläne die seit dem 19. Jh. das Angesicht der Hauptstadt verändert haben. Der *Boom* des Tourismus der letzten Jahrzehnte hat die Küstenlandschaft grundlegend verändert, und wenn dies auch einen höchst schädlichen Spekulationsprozess mit sich brachte, so kann man nicht vermeiden den architektonischen und landschaftlichen Wert einiger Urbanisationen anzuerkennen.

Der *Einfache Reiseführer von Málaga und Provinz* unterscheidet sich von anderen Handbüchern dieser Art, indem er dem Leser ein anderes Konzept anbietet, ein praktischeres Format, eine ansprechendere Ausführung, mit speziell ausgesuchten Fotografien. Der Inhalt ist auf **fünf wesentliche Touren** aufgebaut: die Stadt Málaga, die westliche Costa del Sol, die Axarquía Region, Ronda und seine Sierra, sowie Antequera und die nördliche Provinz. Dank der sorgfältigen Ausarbeitung jeder einzelnen Tour und der genauen Lokalisierung der beschriebenen Örtlichkeiten auf den beigefügten Landkarten und Plänen, werden Sie die Schönheit der Städte und Dörfer Málagas, seine Monumente, Landschaften, archäologischen Ausgrabungen und andere interessante Örtlichkeiten auf eine einfache und unterhaltsame Weise kennenlernen, während Sie gleichzeitig seine Geschichte und Gegenwart entdecken. Um beides zu verbinden, finden Sie vor jeder Tour einige der **18 archäologischen Rekonstruktionen**, die, auf Acetat gedruckt, den Reiseführer bereichern. Mit diesen, auf solide Forschungsarbeiten gestützten und mit modernsten Techniken der virtuellen Wiedergabe realisierten, Rekonstruktionen kann der Leser augenblicklich das ursprüngliche Aussehen von bedeutenden phönizischen, römischen, vorchristlichen und maurischen Zentren und Bauwerken mit dem heutigen, darübergelegten Aspekt des Ortes vergleichen, an dem sich diese einst befanden.

Málaga und Provinz

Einfacher Reiseführer gestern und heute

Inhaltsverzeichnis

Tour Nr. 1 — Die Stadt Málaga

- Geschichtliche Einführung 12
- Malaka, eine phönizische und punische Stadt 14
- Die römische Villa der Puerta Oscura (dunkles Tor) 16
- Das römische Theater 18
- Maurische Alcazaba und Burg Gibralfaro 22
- Burg der Genueser und Hafenmauer des maurischen Málagas 26
- Atarazanas. Die maurischen Schiffszeughäuser 28
- Die Hauptmoschee oder Aljama Moschee 30
- Kathedrale der Inkarnation, Kirche des Sanktuariums und bischöflicher Palast 32
- Ein Spaziergang durch Málaga 36
- Weitere Sehenswürdigkeiten Málagas 42

Tour Nr. 2 — Westliche Costa del Sol

- Die phönizisch-römische Stadt Suel   Fuengirola 44
- Römische Villa Río Verde   Marbella 46
- Altchristliche Basilika in Vega del Mar   San Pedro de Alcántara 48
- Eine Tour an der westlichen Costa del Sol   Torremolinos, Benalmádena, Fuengirola, Mijas, Alhaurín el Grande, Coín, Tolox, Marbella, San Pedro de Alcántara, Estepona, Casares 50

Tour Nr. 3 — Die Axarquía Region

- **Phönizische Stadt an der Mündung des Río Vélez**   Torre del Mar 58
- **Römisches Herrschaftshaus Caviclum**   Torrox-Costa 60
- **Ein Ausflug zur östlichen Costa del Sol**   Rincón de la Victoria, Torre del Mar, Vélez-Málaga, Algarrobo, Torrox, Frigiliana, Nerja, Maro 62
- **Auf den Bergen der Axarquía Region**   Arenas, Daimalos, Corumbela, Árchez, Salares, Sedella, Canillas del Aceituno, Cómpeta, Canillas de la Albaida, Sayalonga 68

Málaga und Provinz
Einfacher Reiseführer gestern und heute

Inhaltsverzeichnis

Tour Nr. 4 — Ronda und seine Sierra

- Geschichtliche Einführung 72
- Die Römerstadt Acinipo (Ronda la Vieja) 74
- Maurisches Ronda (Hizna Rand-Onda) Panoramablick 76
- Die arabischen Bäder 78
- Von der Brücke Puente Nuevo zum Palacio de Mondragón 80
- Der Plaza de la Duquesa de Parcent 83
- Das San Francisco Viertel 85
- Vom Minarett des hl. Sebastian zur Brücke Puente Viejo 86
- Das Mercadillo Viertel 88
- Vom Stierkampfplatz zum Hotel Reina Victoria 91
- In der Sierra von Ronda 93

Tour Nr. 5 — Antequera und nördliche Provinz

- Der Dolmen von Menga Antequera 94
- Die römischen Thermen von Santa María Antequera 96
- Mozarabische Felsenkirche in Bobastro Ardales 98
- Die Alcazaba Festung und die maurischen Stadtmauern Antequeras ... 100
- Ein Spaziergang durch Antequera 102
- Ausflüge in den Norden der Provinz Naturlandschaft El Torcal, Desfiladero de los Gaitanes, Laguna de Fuente de Piedra, Archidona ... 106

málaga

Tour Nr. 1
Die Stadt Málaga

- 21 **MÁLAGA**

Tour Nr. 2
Westliche Costa del Sol

- 50 **TORREMOLINOS**
- 50 **BENALMÁDENA**
- 51 **FUENGIROLA**
- 51 **MIJAS**
- 53 **ALHAURÍN EL GRANDE**
- 53 **COÍN**
- 53 **TOLOX**
- 53 **MARBELLA**
- 55 **SAN PEDRO DE ALCÁNTARA**
- 55 **ESTEPONA**
- 65 **CASARES**

Tour Nr. 3
Die Axarquía Region

- 62 **RINCÓN DE LA VICTORIA**
- 62 **TORRE DEL MAR**
- 63 **VÉLEZ-MÁLAGA**
- 64 **ALGARROBO**
- 65 **TORROX**
- 66 **FRIGILIANA**
- 67 **NERJA**
- 68 **MARO**
- 68 **ARENAS**
- 68 **DAIMALOS**
- 68 **CORUMBELA**
- 68 **ÁRCHEZ**
- 69 **SALARES**
- 69 **SEDELLA**
- 69 **CANILLAS DEL ACEITUNO**
- 70 **CÓMPETA**
- 71 **CANILLAS DE LA ALBAIDA**
- 70 **SAYALONGA**

Tour Nr. 4
Ronda und seine Sierra

- 47 **ACINIPO**
- 80 **RONDA**
- 93 **PARQUE NATURAL DE LA SIERRA DE GRAZALEMA**
- 93 **PARQUE NATURAL DE LA SIERRA DE LAS NIEVES**

Tour Nr. 5
Antequera und nördliche Provinz

- 98 **BOBASTRO**
- 109 **ANTEQUERA**
- 106 **NATURLANDSCHAFT EL TORCAL**
- 106 **DESFILADERO DE LOS GAITANES**
- 107 **LAGUNA DE FUENTE DE PIEDRA**
- 107 **ARCHIDONA**

Geschichtliche Einführung

Malaka war eine der Niederlassungen welche die Phönizier von Tiro, bedrängt vom assyrischen Vormarsch und der Verwüstung ihrer Territorien, auf den andalusischen Küstengebieten um das Jahr 800 v.Chr. gründeten, als diese Landstriche bereits von eingeborenen Volksstämmen bewohnt waren. Diese Niederlassung stellte im Grund genommen keine Stadt dar, sondern eher eine dichte Anhäufung von industriellen und kommerziellen Gebäuden die sich im Hafengebiet entwickelten. Später, wie aus der klassische Geschichtsschreibung hervorgeht, gründeten die Griechen im Nachbargebiet die Niederlassung *Mainake* →58, die später von den Karthagern, die *Malaka* mehrere Jahrhunderte lang beherrscht hatten, zerstört wurde bis sie dann von den Römern im Laufe des zweiten Punischen Krieges —Ende des 3. Jhs. v.Chr.— besiegt wurden.

Unter der Herrschaft Roms erlebt die ehemalige Kolonie einen Aufschwung Ihrer Exporttätigkeiten, die sich auf Fischerei und Pökelindustrie stützt —speziell auf die *garum* bzw. Fischpaste— sowie auf Wein und Olivenöl. Im Jahr 81 n.Chr. wurde ihr das Stadtrecht des Bundes verliehen, wonach wichtige Bauwerke entstanden, von welchen noch das Theater erhalten geblieben ist →18. Das Christentum erscheint in Málaga seit Beginn des 4. Jhs. tief verwurzelt. Nach dem Verfall des Römischen Reiches wird das Gebiet von Germanenstämmen beherrscht —Silingos, Wandalen, Westgoten. Nach dem Jahr 711, mit dem Einfall der Mauren des nördlichen Küstengebiets Afrikas wird Málaga von den neuen maurischen Eroberern beherrscht und vom Emirat und dem späteren Kalifat Córdobas abhängig, mit Ausnahme der Periode der hafsunitischen Rebellion am Ende des 9. und Beginn des 10. Jhs →98. Nach dem Fall des Kalifats fällt es, der Reihenfolge nach, in Hände der hammudí Berber, der Ziríes von Granada —aus dieser Zeit stammt die Alcazaba (maurische Festung) →22—, der Almoraviden und der Almohaden Nordafrikas. Trotz aller Schwierigkeiten wurde in der Stadt, von ihren festen Mauern und der Überwachung der Burg Gibralfaro →24 beschützt, eine rege kommerzielle Aktivität im Hafengebiet beibehalten, das auch über ein Schiffszeughaus verfügte →28.

Nach einem Jahrhundert erfolgloser Belagerungen ergibt sich die Stadt den Christen bedingungslos im Sommer 1487, eine blutige und dramatische Episode, die entweder Versklavung oder Verbannung für seine Bewohner bedeutete. Nach und nach verändert die Stadt ihr Aussehen und es entsteht der Plaza Mayor (Hauptplatz) →36, es werden religiöse Institutionen gegründet die vom Wachstum der Stadt außerhalb der Stadtmauern begleitet werden. Der Druck auf die moriskische Bevölkerung (getaufte Mauren) entwickelt sich zu einem großen Problem im Laufe des 16. Jhs., ein Problem das 1568 im Bergland Alpujarra zur Explosion kommt und wonach die Morisken 1614 verstoßen wurden. Das 17. Jh. war eine schwere Zeit für Málaga, denn zur Versorgungskrise, durch diese Vorkommnisse hervorgerufen, kamen Epidemien und Überschwemmungen des Flusses Gudalmedina hinzu. Dazu kamen noch die Einfälle der Piraten und Berber, sowie Angriffe der britischen und französischen Flotten, wodurch man sich gezwungen sah die Küste mit einer Reihe von Festungen zu schützen. Im 18. Jh., im Gegenteil, erholt sich die Wirtschaft auf Grund der Ausfuhr landwirtschaftlicher Produkte und das Ende des Monopols im Handel mit Amerika begünstigte entscheidend den neuen Hafen Málagas, mit dessen Bauarbeiten gleichzeitig mit der Kathedrale →32 bereits vor zwei Jahrhunderten begonnen wurde.

Das 19. Jh. hinterließ in der Stadt Zeugen seiner turbulenten Politik. Nach dem Einmarsch Napoleons führten die Kämpfen zwischen Absolutisten und Liberalen während der Herrschaft von Ferdinand VII. 1831 zur Erschießung des Generals Torrijos und seiner Anhänger am Strand von San Andrés. Mitte des Jahrhunderts erlebt die Industrialisierung Málagas unter der Führung der Familien Heredia und Larios einen starken Aufschwung in den Sektoren

Panorama vom Berg Gibralfaro.

Metall und Textil. In der Stadt unterscheiden sich zwei deutlich definierte Bereiche: im Westen die Fabriken und proletarischen Viertel; im Osten die bürgerlichen Villen. Das historische Zentrum wird erweitert und es werden Promenaden angelegt.

Unglücklicherweise endet dieses Jahrhundert mit einer Wirtschaftskrise: die aufkommende Industrie brach zusammen während die Reblaus die Weingärten Málagas vernichtete. Diese Krise reicht bis in die erste Hälfte des 20. Jhs. hinein und provoziert schwere soziale und politische Konflikte, auch wenn zu gewissen Momenten der Handel blühte —speziell unter der Diktatur von Primo de Rivera— was sich in der Stadtentwicklung widerspiegelte. Obwohl von der Bourgeoisie seit dem 20. Jh. betrieben, verwandelt sich der Fremdenverkehr erst in den 60ziger Jahren in ein Massenphänomen das die Küstengebiete Málagas beherrscht und diese wesentlich verändert, wobei es bestimmend für ein bedeutendes Wachstum der Bevölkerung und der Stadt Málaga, das Dienstleistungszentrum der Costa del Sol, ist. Dieses Wachstum dauert weiter an, bei einer Bevölkerung von bereits über 600.000 Einwohnern.

Sicht auf das Gemeindegebäude, Kathedrale und Alcazaba.

Phönizische und punische Stadt

Málaga

Malaka, eine phönizische und punische Stadt

Tour Nr. 1 | Die Stadt Málaga

die Nähe zum Meer und eine schiffbare Meeresströmung, die Vorteile bei einer Verteidigung der Stadt und der Schutz der den Schiffen vom Relief der Küste geboten wird, haben ihre Gründung begünstigt die gegen Ende des 8. Jhs. v.Chr. mit einer phönizischen Niederlassung im unteren Teil des Berges der Alcazaba Festung angenommen wird. Seit ihrer Gründung wuchs die Stadt in Verbindung mit einem Handels- und Industriezentrum, das sich der Herstellung von gepökeltem Fisch, Purpurfarben und Metallurgie widmete. Wahrscheinlich wurde der ursprüngliche Hafen in einer natürlichen Reede von 300 m angelegt die zwischen den beiden Molen lag, von denen sich die eine am Zoll und die andere neben dem Aufgang zur Coracha →24 befand. Es ist auch möglich, dass ein weiterer Hafen zwischen den Fresca und Molina Lario Straßen entstand, wo die Schiffe besser geschützt vor den Ostwinden lagen. Die Küstenlinie hat sich wahrscheinlich gegen Osten ausgedehnt, über die heutige Straße Cortina del Muelle.

Seit frühen Zeiten wurde das Meer mit dem Schwemmland des linken Ufers des Guadalmedina Flußes Land abgerungen, während die Südostwinde Sand auf der Küste ablagerten. Im Laufe dieser Periode drang eine Meeresbucht fast bis zum Plaza de la Constitución vor, wo ein kleiner Fluss mündete, dessen Verlauf mit der heutigen Calle de Granada Straße übereinstimmte. Die erwähnte Bucht war im Osten von einem Hügel in Form einer Mole begrenzt, die heute der Zone von San Agustín und der Kathedrale entspricht. Anfang des 6. Jhs. v.Chr. breitete sich die ursprüngliche Stadt bzw. *ciudad alta* (hohe Stadt) höchstwahrscheinlich gegen Osten über den erwähnten Hügel aus. Die Ausgrabungen von phönizisch-punischen, zur *ciudad baja* (unteren Stadt) gehörenden Mauerteilen definieren ihre Grenzen. Die zur Cister Straße und zum unteren Patio von San Agustín gehörenden —zwei parallele Mauern aus Bruchstein— markierten die westliche bis zur Kathedrale weitergehenden Mauern. Die erst vor Kurzem bei Ausgrabungen des Palacio de los Condes de Buenavista →38 gefundenen Teile sind 4 m hoch und stellen die nordwestliche Grenze dar.

Im Park, unter dem ehemaligen Postgebäude →40, heute Sitz der Universität Málaga, befindet sich eine sehr solide und parallel zum Meer verlaufende Doppelmauer, welche die südliche Grenze der Stadt markierte und die aus ihrer Gründerzeit stammen könnte. Heute kann man somit eine Oberfläche von 6 oder 7 ha als Zentrum Málagas feststellen, mit zwei Friedhöfen auf dem Gibralfaro Berg: einer am Nordhang, im Parkhaus des Tunnels der Alcazaba, und der andere im Süden, auf den Campos Elíseos. Die Stadt Malaka war somit nicht, wie man bis heute angenommen hatte, irregulär angelegt sondern achteckig. Der unregelmäßige Aspekt entstand durch die Anpassung an ein Gelände, auf dem eine hippodamische Entwicklung unmöglich war. Nichtsdestoweniger, wurde sie während der römischen Herrschaft wahrscheinlich abgeändert.

L Ägyptische Medaille von Malaka.

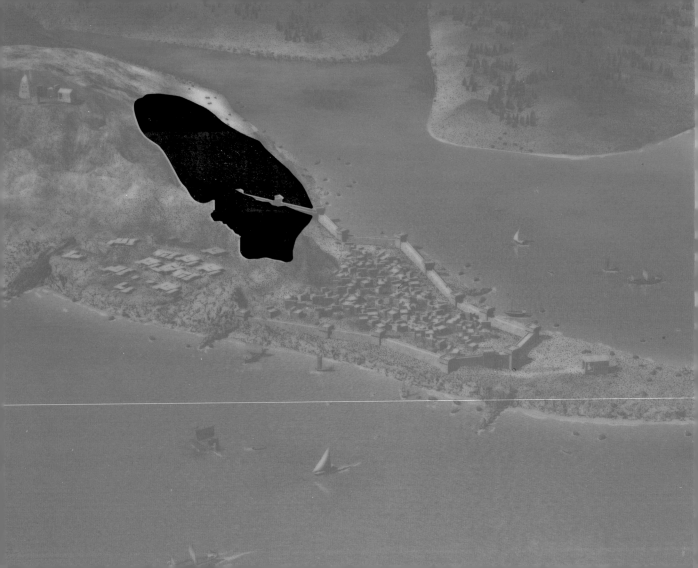

Puerta Oscura

Die römische Villa der Puerta Oscura (dunkles Tor)

Mit dem Fund im Jahr 1851 der Bronzetafeln *Lex Flavia Malacitana* in der Gegend vom El Ejido, beginnt sich die angenommene untergeordnete Rolle der Stadt im römischen Spanien zu verändern, in Erwartung der Entdeckung des Theaters Mitte des 20. Jhs.→8. Die Römerstadt, die von Strabon als Nachfolgerin der punischen beschrieben wird, besaß höchstwahrscheinlich auf dem Hügel der Alcazaba ihre *arx* bzw. Zitadelle und in ihr, wahrscheinlich in Terrassen angelegt, die öffentlichen und religiösen Gebäude. Zu ihren Füßen befand sich der Osthafen mit einem 300 m langen, von zwei Molen begrenztem Pier, eine am Zoll, dort wo sich das Alacaba Tor befand, und die andere beim Tor Puerta Oscura, am Fuße der Coracha und auf dem Weg nach Vélez→63. Gegen Osten befanden sich Becken die für die Zubereitung von gepökeltem Fisch und Garum, bzw. Fischsauce bestimmt waren, sowie für Purpurfarben aus der Weichtierart Murex. Von den genannten Becken wurden über 70 beim Abbau des Haza Baja Hanges am Beginn des 20. Jhs. freigelegt, sowie zusätzlich weitere 35 unter dem ehemaligen Postgebäude→40. Sie wurden den Unebenheiten des Berges in Gruppen von zwei bis sechs angepasst, die von Mauern aus kleinen Quadersteinen und Bruchstein gestützt wurden und Terrassen bildeten. Sie waren rechteckig, etwa 2 bis 2,5 m lang, 1,15 bis 1,50 m breit und etwa 1,50 und 1,75 m tief und mit *opus signinum* verkleidet, ein wasserhaltiger Beton mit großer Widerstandsfähigkeit der wasserdicht ist und aus Kalk, Sand, Ziegelstaub, Keramikresten und zerstampften Steinen hergestellt wurde.

Málaga

Andere Historiker verlegen den Hafen weiter nach Westen, mit der Hauptniederlassung vor dem Hafendamm, während sich im westliche Hafen, auf dem Plaza de la Constitución, ein weiteres Verwaltungsviertel befand. Es wird angenommen, dass ein von vier Säulen gestützter Tempel existierte, auch wenn man sich nicht darüber einig ist ob er dem Sonnenkult der punischen Tradition gewidmet war oder dem Kaiser Augustus. Es sind Reste von Skulpturen erhalten geblieben und Fragmente eines großen Kragsteins —möglicherweise eines Triumpfbogens— die während der Erbauung des Zollpalastes erschienen→9, sowie andere Reste, die im Jahr 1925 in der Alcazabilla Straße zu Tage kamen, wo ab 1950 das Römertheater freigelegt wurde→18. Das Panorama wird vom möglichen Bestehen eines Leucht- bzw. Signalturms vervollständigt, was vom Namen Gebel Pharos, Gibralfaro-Berg bzw. Gibral-Leuchtturm zu schließen ist, und ein möglicher Zusammenhang mit einer Inschrift über ein nach den Einfällen der Mauren errichteten bzw. am Ende des 2. Jhs. rekonstruierten Gebäudes.

Von den Kapitellen, Statuenresten, Inschriften, Fliesen und anderen auf der Südseite der Alcazaba gefundenen Resten, an der sich heute die Gärten Puerta Oscura befinden, muß eine 1925 entdeckte luxuriöse römische Villa hervorgehoben werden. Mit den Ausgrabungen verschiedener Mosaikböden kamen Bauréste wie Säulen und Dachziegel, sowie Keramikreste und ein Mühlstein zum Vorschein. Damit konnte festgestellt werden, dass das ursprüngliche, wahrscheinlich aus dem 3. Jh. stammende Gebäude, ein Jahrhundert später rekonstruiert wurde, wobei einer seiner neuen Räume mit einem, die Legende des Gottes Bellerofonte und Jadgszenen nordafrikanischer Atmosphäre darstellenden, großem Mosaik dekoriert wurde.

Das römische Theater

Das römische Theater

Málaga

Im Herzen der Stadt, in der Nähe der öffentlichen Thermen und des Hafenviertels, ordneten die Machthaber von *Malaca* im 1. Jh. n.Chr. den Bau dieses Theaters an, vielleicht vom Willen zur Römisierung dieses, von so verschiedenen Ursprüngen stammenden Volkes, geführt. Man brachte ein griechisch-römisches System zur Anwendung: ein alleinstehendes, mit Quadersteinen und Säulen aus Sandstein und *travertino* Meeresgestein, im Schiefer des Nordhanges des Gibralfaro Berges fundamentiertes Bauwerk.

Am Ende des 1. Jhs. oder zu Beginn des 2. wurde es reformiert und mit Marmor, dem Stil der Flavia Dynastie folgend, verschönert. Wenn auch klei-

Lex Flavia Malacitana. Detail.

ner als jene in Mérida oder Sagunto und mit einer Struktur die jener von Acinipo →74 ähnelt und Cartago Nova, verfügte es über zwei *caveas* bzw. Rangreihen, von einem Säulengang abgeschlossen der wahrscheinlich aus Holz bestand und nicht eingebaut war. Es deutet nichts auf einen weiteren, hinteren Säulengang hin; nichtsdestoweniger war das Theater perfekt ausgestattet, denn es verfügte über Abflüsse für Regenwasser, Wasserleitungen und Mechanismen für den Theatervorhang und Markisen.

Die Oberfläche des Orchesterraumes, der Halbkreis zwischen Theaterbühne und Stufensitze, wurde in diesem Theater in *sextile* ausgeführt, d.h. mit vielen Marmorstücken in verschiedenen Farben und verschiedener Herkunft. Bei den Römern wurde dieser Teil den Autoritäten und berühmten Persönlichkeiten der Stadt reserviert, die über Marmorsitze verfügten. Einer davon ist erhalten geblieben, mit Armlehnen die Delphine darstellen. Eine Inschrift in Marmor, am Fuße des vorderen Teiles der Bühne, erinnert an die Namen der Persönlichkeiten Malagas von welchen die Reform des Theaters gefördert wurde.

Gegen Ende des 2. oder Beginn des 3. Jhs. verwahrloste das Theater, wahrscheinlich nach dem Einfall der Mauren Nordafrikas und auf Grund politischer Änderungen in der Organisation Roms. Das Kaiserreich förderte nun diese Ereignisse nicht mehr und in der Stadt fehlten Persönlichkeiten die für die *ludi* bzw. die für das Theater typischen Veranstaltungen, wie Schauspiele und sonstige Spiele, Gelder zur Verfügung stellten. Das stimmte mit einem größerem Interesse für andere Veranstaltungen überein, die aber eher für Amphitheater und Zirkusveranstaltungen geeignet waren, wie Pferderennen und Gladiatorenkämpfe.

Nach der Aufgabe des Theaters wurden die Marmordekorationen und Baumaterialien für den Bau anderer Gebäude geplündert. Über dem Schwemmland, von dem es begraben wurde, entstand ein spätrömisches und byzantinisches Industrieviertel in dem die berühmte *garum* —Fischsauce— hergestellt wurde, mit den dazugehörenden Wohnbauten, Straßen, Warenhäusern, Wasserleitungen, Brunnen, Wasserbecken und Friedhöfen. Während der maurischen Herrschaft wurde

L Elfenbeinschild ägyptischer Stilrichtung.

Málaga

Tour Nr. 1 | Die Stadt Málaga

der Bereich in dem sich das Theater befand mit dem Palast und der Alcazaba Festung verbunden. Da es sich um eine militärische Abwehrzone handelte sind nur wenige Reste erhalten geblieben, ausgenommen von einigen Brunnen mit Keramikresten hoher Qualität. Unter den Funden sind aus Italien importierte Keramikgegenstände hervorzuheben und sogar chinesisches Porzellan, abgesehen von der großen Vielfalt lokaler Tongefäße.

Nach dem Einfall Napoleons entstand im Bereich der Alcazaba ein ärmliches Viertel, dessen Häuser aus Resten der Festung errichtet wurden. Beim Terrassenbau am Hang wurden Straßen und Wohnungen mit Brunnen und Patios in den Gängen errichtet, sowie *Vomitoriums* in der *cavea media*, während man die Existenz des besagten Theaters noch ignorierte.

Mit der Eröffnung der neuen Alcazabilla Straße im Jahr 1922, bis zu diesem Zeitpunkt kurvig und schmal, erschienen in der Umgebung Reste römischer Becken zur Herstellung von *garum* und gepökeltem Fisch. Die Wohnhäuser der Hänge wurden 1930 niedergerissen als mit dem Wiederaufbau der Alcazaba begonnen wurde. 1948 wurde der Bau des Palastgebäudes mit Archiv, Museum und Bibliothek begonnen, ein Projekt der 2. Republik, besser unter dem Namen *Casa de la Cultura* —Haus der Kultur, bekannt, das in gewissen Sektoren sehr umstritten war und in der Nachkriegszeit mit neuem Standort wieder aufgenommen wurde. Der Fund archäologischer Reste wurde vorerst verschwiegen aber 1951, bei Erdarbeiten für die anschließenden Parkanlagen kam zu Tage was bald als Zugangsbogen oder *aditus* eines römischen Theaters identifiziert wurde, eine Tatsache welche die Bedeutung Málagas im römischen Spanien bestätigte.

Das umstrittene Gebäude, unter dem nichts weniger als die Bühne des Theaters liegt, wird 1956 eingeweiht. Wenig später und mit einer Dringlichkeit die es unmöglich machte die oberen Schichten zu analysieren, wurden die 60.000 m³ Erde, die einen Teil der *cavea* und des *orchestra* des Theaters bedeckten, weggeschafft um es ab 1959 für Vorstellungen, Konzerte und andere Veranstaltungen auszustatten. Unter diesen Veranstaltungen sollte das Festival de Teatro Greco-Latino hervorgehoben werden, von Ángeles Rubio-Argüelles, Ehefrau von Edgar Neville und Förderin dramaturgischer Schulen. Das Werk dieser Schauspielerin hat auf spezielle Weise am Erscheinen eines namhaften Nachwuchses von Schauspielern und Schauspielerinnen Málagas beigetragen, mit so bedeutenden Namen wie María Barranco oder Antonio Banderas.

In den 70ziger Jahren, nachdem das Gebäude zum kunsthistorischen Monument erklärt wurde, beginnen die ersten archäologischen Arbeiten am Theater, die dann in den 80ziger Jahren auf systematische Weise durchgeführt wurden. Mit der Übertragung der kulturellen Kompetenzen an die andalusische Regionalregierung, und mit Sicht auf die Ereignisse des Jahres 1992, wird die definitive Inbetriebnahme des Theaters projektiert, wobei auch der Abbruch des Hauses der Kultur mit eingeschlossen wird. Letztendlich wird es im Jahr 1995 realisiert und man beginnt 1999 mit den Arbeiten der Rekonstruktion, als Teil einer die ganze Umgebung betreffenden ehrgeizigen Reform.

Punische Raucherpfanne.

Festung Alcazaba und Gibralfaro-Berg

Maurische Alcazaba und Burg Gibralfaro

Málaga

Puerta de la bóveda - Gewölbetor. Innen.

Sie liegt am westlichen Auslauf des Gibralfaro Berges. Auch wenn die Hammudie Berber an dieser Stelle bereits in der ersten Hälfte des 11. Jhs. einen Alcazar errichtet hatten, so war es der Zirí König Badis, des granadinischen Taifa Königreiches, der gegen das Jahr 1057 hier die bedeutendste hispano-maurische Festung errichten ließ, die er mit einer dreifachen Befestigung und einer Vielzahl rechteckiger Türme ausstattete. In der Festung befand sich der Palast der muslimischen Herrscher sowie eine Zone für die Dienerschaft. Ihr militärischer Charakter wurde durch eine zivile Funktion vervollständigt, eine Formel, die sich später in der Alhambra wiederholte. Bei ihrer Bauweise wurden abwechselnd zweifarbige Quadersteine aus Kalkstein mit fossilen Einschlüssen und Ziegelsteinen verwendet sowie Bruchstein, Mörtel und Lehm. Die Zerbrechlichkeit dieser Materialien brachte verschiedene Rekonstruierungen in den darauffolgenden Jahrhunderten mit sich. Die Nasriedenkönige reformierten die Paläste und verstärkten Mauern und Türme. Nach der Eroberung durch die Christen wurde sie von den Katholischen Königen bewohnt, und von Philipp IV im 17. Jh.. Danach durchging sie eine Periode der Vernachlässigung und des Verfalls im 18. u. 19. Jh. und Mitte des letzteren entstand ein Armenviertel. Im Jahr 1931 wurde sie zum nationalen Monument erklärt, die Häuser wurden abgerissen und es beginnt ihre Restaurierung und der Wiederaufbau, inspiriert vom Historiker aus Málaga, Juan Temboury, und geleitet vom Architekten Guerrero Strachan.

Der Aufstieg kann von der Guillén Sotelo Straße bereits per Lift bewältigt werden, während man zu Fuß über das Tor *Puerta de la Bóveda*, mit Hufeisenbogen und Gewölbe, kommt. Sein Gang wird zur besseren Verteidigung der Festung mit Biegungen angelegt. Am nächsten Tor sind Säulenteile erhalten geblieben die wahrscheinlich aus dem römischen Theater stammen →18. Die Steigung führt weiter bis zum Torbogen *Arco del Cristo*, mit einem weiteren Gewölbegang mit Biegung. Auf der linken Seite befindet sich der Plaza de Armas, wo man rund um einen Brunnen einen Garten angelegt hat. Von hier aus gehen wir bis zum Tor *Puerta de los Cuartos de Granada*, weitgehend rekonstruiert, die uns über eine Steigung in den Residenzbereich führt, in dem sich drei aufeinander folgende Paläste reihen. Der erste ist ein Werk von König Badis und weist auf den drei Bogen des südlichen Portikus kalifalen Einfluß auf, mit seinen im Atau-

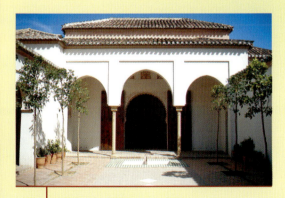

Palast des König Badis.

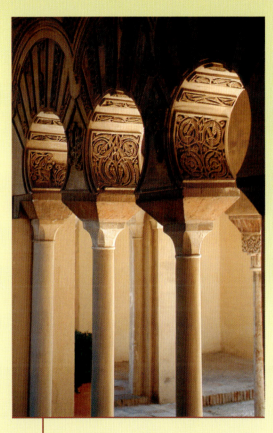

Bogen.

riquestil (Pflanzenmotive) dekorierten Wölbsteinen und mit Paßbogen am Aussichtspunkt. Von den anderen zwei, aus dem 13. u. 14. Jh., sind lediglich die Fundamente erhalten geblieben, von welchen man bei der Rekonstruktion der Paläste, dem Muster der Nasriden folgend, ausging. In ihm befand sich das archäologische Museum bis zur Rehabilitierung im Jahr 1995.

Der Komplex wird von einem sehr interessanten Viertel des 11. Jhs. vervollständigt, in dem sich Bäder befanden. Er besteht aus drei Häuserblöcken zwischen kaum einen Meter breiten Gassen. Die Häuser weisen eine intelligente Nutzung des äußerst reduzierten Raumes auf, mit Zugängen, kleinen Patios und gut isolierten Aborten und den dazugehörenden Abflussrinnen. Bei einigen sind die ersten Stufen der schmalen Treppe erhalten geblieben die ins Obergeschoß führte. Im äußersten Südosten des Viertels errichtet sich, halb verfallen, der Hauptturm *Torre del Homenaje* aus dem 14. Jh. In der Nähe davon der Brunnen *Airón*, 40 m tief, lieferte mittels mechanischer Hilfe Wasser.

Die *Coracha Terrestre* stellt einen, von zwei parallel verlaufenden Mauern gebildeten, Korridor dar, der im östlichen Teil die Alcazaba mit der **Gibralfaro Burg** verbindet. Auch wenn man auf dem Berg Spuren aus der Zeit vor den Römern gefunden hat, und man annimmt dass hier ein Leuchtturm stand, so gehen die ersten Bauarbeiten dieser strategischen Festung wahrscheinlich auf das Emirat Abd ar-Rahmans I., ins Ende des 8. Jhs., zurück. Im 11. Jh., in dem sie als Gefängnis diente, war sie als *Gebel Ayros* bekannt —aus dem Phönizischen *Gebel Hahir*, Burg der Stadt—. Die erste Referenz kommt vom Geographen El Idrisi aus der Mitte des 12. Jhs., von dem sie *Gebel Faruk* bzw. Berg des Leuchtturms, genannt wurde. Im 14. Jh. gestaltet der Nasridenkönig Yusuf I definitiv die Festung indem er die Coracha konstruiert und möglicherweise auch eine Moschee in ihrem Inneren. Nach 1487 wurde sie für das Heer und Küstenwache verwendet und im 18. Jh. wurde in ihr ein Pulverlager gebaut, in dem heute ein **Centro de Interpretación** untergebracht ist. Nachdem die Burg unter der napoleonischen Belagerung teilweise zerstört und dann verlassen wurde, sind heute ihre rekonstruierten Mauern und einige der Bollwerke erhalten, unter welchen im Nordosten ein halbrunder Turm hervorsticht, den man, da er weiß getüncht war, Torre Blanca, genannt hat. Der Aussichtspunkt bietet ein außergewöhnliches Panorama der Stadt und ihrer Küste. Auf dem Berg befindet sich auch das Parador Nacional.

Die Alcazaba Festung und die Burg Gibralfaro durch die Coracha verbunden.

Der Aufstieg kann von der Guillén Sotelo Straße bereits per Lift bewältigt werden, während man zu Fuß über das Tor *Puerta de la Bóveda,* mit Hufeisenbogen und Gewölbe, kommt. Sein Gang wird zur besseren Verteidigung der Festung mit Biegungen angelegt. Am nächsten Tor sind Säulenteile erhalten geblieben die wahrscheinlich aus dem römischen Theater stammen →18. Die Steigung führt weiter bis zum Torbogen *Arco del Cristo,* mit einem weiteren Gewölbegang mit Biegung. Auf der linken Seite befindet sich der Plaza de Armas, wo man rund um einen Brunnen einen Garten angelegt hat. Von hier aus gehen wir bis zum Tor *Puerta de los Cuartos de Granada,* weitgehend rekonstruiert, die uns über eine Steigung in den Residenzbereich führt, in dem sich drei aufeinander folgende Paläste reihen. Der erste ist ein Werk von König Badis und weist auf den drei Bogen des südlichen Portikus kalifalen Einfluß auf, mit seinen im Atau-

Palast des König Badis.

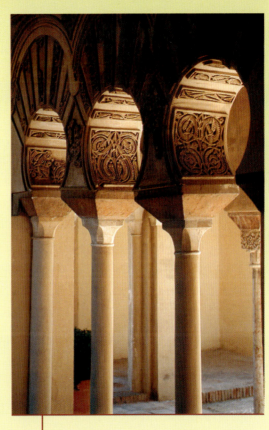
Bogen.

riquestil (Pflanzenmotive) dekorierten Wölbsteinen und mit Paßbogen am Aussichtspunkt. Von den anderen zwei, aus dem 13. u. 14. Jh., sind lediglich die Fundamente erhalten geblieben, von welchen man bei der Rekonstruktion der Paläste, dem Muster der Nasriden folgend, ausging. In ihm befand sich das archäologische Museum bis zur Rehabilitierung im Jahr 1995.

Der Komplex wird von einem sehr interessanten Viertel des 11. Jhs. vervollständigt, in dem sich Bäder befanden. Er besteht aus drei Häuserblöcken zwischen kaum einen Meter breiten Gassen. Die Häuser weisen eine intelligente Nutzung des äußerst reduzierten Raumes auf, mit Zugängen, kleinen Patios und gut isolierten Aborten und den dazugehörenden Abflussrinnen. Bei einigen sind die ersten Stufen der schmalen Treppe erhalten geblieben die ins Obergeschoß führte. Im äußersten Südosten des Viertels errichtet sich, halb verfallen, der Hauptturm *Torre del Homenaje* aus dem 14. Jh. In der Nähe davon der Brunnen *Airón*, 40 m tief, lieferte mittels mechanischer Hilfe Wasser.

Die *Coracha Terrestre* stellt einen, von zwei parallel verlaufenden Mauern gebildeten, Korridor dar, der im östlichen Teil die Alcazaba mit der **Gibralfaro Burg** verbindet. Auch wenn man auf dem Berg Spuren aus der Zeit vor den Römern gefunden hat, und man annimmt dass hier ein Leuchtturm stand, so gehen die ersten Bauarbeiten dieser strategischen Festung wahrscheinlich auf das Emirat Abd ar-Rahmans I., ins Ende des 8. Jhs., zurück. Im 11. Jh., in dem sie als Gefängnis diente, war sie als *Gebel Ayros* bekannt —aus dem Phönizischen *Gebel Hahir*, Burg der Stadt—. Die erste Referenz kommt vom Geographen El Idrisi aus der Mitte des 12. Jhs., von dem sie *Gebel Faruk* bzw. Berg des Leuchtturms, genannt wurde. Im 14. Jh. gestaltet der Nasridenkönig Yusuf I definitiv die Festung indem er die Coracha konstruiert und möglicherweise auch eine Moschee in ihrem Inneren. Nach 1487 wurde sie für das Heer und Küstenwache verwendet und im 18. Jh. wurde in ihr ein Pulverlager gebaut, in dem heute ein **Centro de Interpretación** untergebracht ist. Nachdem die Burg unter der napoleonischen Belagerung teilweise zerstört und dann verlassen wurde, sind heute ihre rekonstruierten Mauern und einige der Bollwerke erhalten, unter welchen im Nordosten ein halbrunder Turm hervorsticht, den man, da er weiß getüncht war, Torre Blanca, genannt hat. Der Aussichtspunkt bietet ein außergewöhnliches Panorama der Stadt und ihrer Küste. Auf dem Berg befindet sich auch das Parador Nacional.

Die Alcazaba Festung und die Burg Gibralfaro durch die Coracha verbunden.

Burg und Mauer

Burg der Genueser und Hafenmauer des maurischen Málagas

Málaga

Im Untergrund des ehemaligen Postgebäudes hat man 29 m maurisches Mauerwerk zu Tage gebracht, von einer steinernen aufs Meer hinausführenden Mole getrennt, auf der Spuren des Fundaments eines Turmes erhalten geblieben sind. Weiter gegen Westen, auf dem Plaza de la Marina, hat der Bau einer Tiefgarage weitere Reste der Hafenmauer aus dem 17. Jh. zu Tage gebracht, sowie Reste der Mauer des 14. Jhs. Es war genau auf dieser Stelle, an der zu Beginn des 14. Jhs. das sogenannte Castillo oder Castil de los Genoveses —Burg der Genueser— errichtet wurde. Eine der wirtschaftlich bedeutendsten Tatsachen in der Zeit nach den Kalifen war die Handelsverbindung zwischen den Liguren und der verschiedenen hispano-muslimischen Verwaltungen. 1279 wurde ein Abkommen zwischen dem Königreich der Nasriden und der Genuer Republik abgeschlossen. Diese benötigte Märkte an dessen Küsten ihre Galeeren in die Gebiete des Nordmeers segeln konnten, und die anderen suchten einen Auslandskontakt der ihnen gewisse Produkte verschaffen konnte. In diesem Abkommen, abgesehen von der Erlaubnis im Territorium Granadas Handel zu betreiben, erlaubte man den Liguren Gästehäuser mit Kapellen, Bad und Ofen zu benutzen. All diese Einrichtungen waren höchstwahrscheinlich ein Teil der Burg der Genueser, ein Getreidelager um den sich die Hafentätigkeit drehte.

Wir wissen, dass die Burg um die Mitte des 15. Jhs. über sechs Lagerräume sechs verschiedener Besitzern verfügte, in welchen ca. vierzig Genueser Seide, Tuch, Baumwolle, Papier, Metalle, Gewürze, Drogen und Tinkturen deponiert hatten. Von Málaga aus wurde hauptsächlich Seide, Zucker und Dörrobst exportiert, abgesehen von Sardellen, Sardinen, Wolle und Leinen. Der Handel mit getrockneten Früchten wurde als Monopol der Familie Spinola im 15. Jh. betrieben. Die Stadtherren kontrollierten rerseits den Seidenhandel, ein bedeutendes Geschäft an em sowohl Genueser als auch Händler aus Pisa und Toskaner teilnahmen.

Die politische Unsicherheit beeinträchtigte den Handel ab 1465, der mit der Eroberung durch die Christen völlig zusammenzufallen schien. Die Regierung Kastiliens bewilligte jedoch die Rückgabe der Häuser welche die Genueser im Hafen besaßen, obgleich sich diese später nderen Stellen der Stadt niederließen. Die Burg der Genueser verwandelte sich danach in einen Teil der Wehrbefestigung, die mit begehbaren Mauern mit der Alcazaba und der Burg Gibralfaro verbunden wurde. Zeugen aus christlicher Epoche beschreiben sie als eine starke Festung mit sechs Türmen, die sich auf einer sandigen Mole im Mittelpunkt der städtischen Küste errichtete und im Westen ihr Haupttor hatte, auch *Puerta de los Siete Arcos* —Tor der sieben Bogen— genannt Sowohl diese als auch die Schiffzeughäuser waren fortgeschrittene Wehrbauten Málagas und schützten die zu jenen Zeiten als Hafen dienende Bucht.

Ataifor des Schiffes.

Tour Nr. 1 | Die Stadt Málaga

Atarazanas
Die maurischen Schiffszeughäuser

Málaga

die Existenz eines seit langem konsolidierten Hafens und die Nähe der Holzreserven waren grundlegende Motive für den Erbau dieser Werft. Auch wenn sie in das 14. Jh. zurückdatiert wurde, so haben die letzten Nachforschungen ihre Entstehung mit der Stadtreform der Almohaden ins Ende des 12. Jh. oder Beginn des 13. Jhs. vorverlegt. Es kann eine Erweiterung unter der Herrschaft des Königs der Nasriden, Yusuf I, angenommen werden, mit der zwei gut differenzierte Stadtteile entstanden. Wie die Burg der Genueser →26, die mit ihren starken Mauern ein Teil des Abwehrsystems der Stadt darstellte, mit drei Ecktürmen und einigen in den mittleren Teilen. Sie schloß die Bucht im westlichen Teil ab, in der Nähe des Tores **Puerta del Mar**. Im Nordwesten vereinigte sie sich mit der Mauer die, parallel zum Guadalmedina Fluß, dem Flur Santa Isabel folgte. Von ihrem südöstlichen Höhepunkt vereinigte sie ein Mauerteil mit einem vorstehenden Turm, rund auf der Seite zum Meer und platt auf der Landseite, an dem sich die Wellen schlugen. Er war zu jenen Zeiten als *Borch Hayta oder Torre del Clamor (Jammerturm)* bekannt denn abgesehen davon, dass er den durch die Mündung des Flusses Guadalmedina natürlichen Ankerplatz schützte, diente er dem Muezzin dazu, um in der in der Nähe der Schiffswerften liegenden Moschee zum Freitagsgebet aufzurufen. Nach Aussage anderer Historiker befand sich die Moschee im Turm. Von den Christen als Pulverlager und Geschützstand ausgestattet, verlor er mit fortschreitendem Zurückweichen des Meeres seine Funktion und wurde teilweise abgetragen, worauf er dann als **Torre Gorda** (dicker Turm) bekannt war.

Mit einem quadratischen Grundriß von 5.000 m², wurden die Werften dem römischen Modell folgend errichtet. Der östliche und größere Teil des Gebäudes gliederte sich in sechs oder sieben Hallen auf, hoch genug um dem Mastenwerk der Schiffe die hier gebaut oder repariert wurden Platz zu bieten. Die Tonnengewölbe, von Steinbogen gestützt, waren gegen Süden offen, um das Einfahren der Schiffe zu ermöglichen. Als sie in christlicher Epoche als Arsenal und Lagerräume genutzt wurden, hat man sie geschlossen und die Beleuchtung auf einige Fenster reduziert. Nach dem Zusammenbrechen der Gewölbe, auf Grund der Explosion einiger Pulvermühlen im 17. Jh., wurde das Gebäude rekonstruiert, aber die Distanz zur Küstenlinie schließt deren ursprüngliche Nutzung aus. In Zeiten von Epidemien als Hospital benutzt, diente es zu Beginn des 19. Jhs. als Chirurgieschule und später als Artilleriekaserne. Verlassen und als Ruine wurde sie 1868 niedergerissen, um auf seinem Grundstück einen **Marktplatz** zu errichten Man entschloß sich das Tor zu erhalten, das, gegen Süden ausgerichtet, den Zugang zum westlichen Teil darstellte, auch wenn es 25 m weiter nach Osten verlegt wurde. Der Architekt, Joaquín Rucoba, entwarf eine Eisenstruktur, sehr in Mode, und integrierte das Tor und neue seitliche Elemente in eine Fassade mit Öffnungen als Hufeisenbogen. Auch wenn es sehr stark restauriert wurde, so hat das Tor viel von seinem ursprünglichen Bauwerk beibehalten. Es verfügt über einen zugespitzten Hufeisenbogen mit Inschrift in der Dekoration des Bogens der über eine gewölbte Oberschwelle in grauem groben Marmor verfügt. Sowohl die Wölbung der Oberschwelle als auch die des Bogens weisen alternativ vorstehende und zurückgesetzte Elemente auf. Drei kleine Reliefs schließen die Ornamentierung ab: eine kleine Muschel über dem Schlußstein des Bogens und zwei von einem Band mit Inschriften der Nasriden gekreuzten Wappenschilder.

Aljama Moschee

Die Hauptmoschee oder Aljama Moschee

Wie jede muslimische Stadt, mußte auch Málaga über verschiedene Betstätten für das Freitagsgebet verfügen. Es existieren Zeugen einer Moschee in der Alcazaba in der Mitte des 8. Jhs., welche wahrscheinlich diesem Zweck diente. Wie dem auch sei, die Hauptmoschee, die sich auf jener Stelle befand, auf der nach der Eroberung der Christen die Kathedrale und die Kirche del Sagrario →32 errichtet wurde, könnte im 9. Jh. vom Emir Muhammad I. gegründet worden sein. Ihr ursprünglicher Grundriß war rechteckig, mit etwa 20 m Seitenlänge, ungefähr die gleiche Dimension wie jene des Waschungshofes bzw. *sahn*. Hufeisenbogen markierten die Abgrenzung von 5 Schiffen, wobei das mittlere breiter war, da es zur Gebetsnische —*mihrab*— führte. In der zweiten Hälfte des Jahrhunderts wurde sie von den Almohaden erweitert —andere Historiker verlegen diese Reform in das 13. u. 14. Jahrhundert—, die noch vier Schiffe auf jeder Seite anschlossen —es könnten aber auch nur zwei gewesen sein—, Schiffe welche sich auf den Seiten des Patios ausbreiteten und diesen mit zwei weiteren Galerien verkleinerten —oder nur mit einer— im hinteren Teil. Die Pfeiler der Bogen wurden durch Säulen ersetzt und man zählte ein Total von 111 oder 113. Die Außenmauern, und jene die den Patio mit dem Betraum verbanden, erschienen von Strebepfeilern verstärkt. Der Zugang zum Patio mit schönen Orangenbäumen und schlanken Palmen verfügte über mindestens zwei Tore, eines gegen Westen, über der heutigen Molina Larios Straße und das andere, weiter im nördlichen Teil, neben dem Minarett. Von diesem fand man lediglich einige Überreste des Fundaments in der Krypta des Sanktuariums. Vor den Toren müssen auf Grund des Höhenunterschieds zur Straße Stiegen existiert haben. Die Dokumente der christlichen Eroberung überliefern, dass der Innenraum des Tempels reich dekoriert war und dass die Säulen aus Marmor und Jaspe bestanden.

Wenn die von der Hauptmoschee Málagas überlieferte Information gering ist, so sind die erhalten gebliebenen Reste noch geringer: es existiert lediglich Mauerwerk an der nordöstlichen Ecke des Sanktuariums und ein Bogen über Pfeilern, weitgehend restauriert, unter der Treppe und dem Zugang zum Museum der Kathedrale. Der Orangenhof hat seinen ursprünglichen Standort bis ins unsere Tage beibehalten. Möglicherweise existierten an der Süd- und Westseite an die Moschee angebaute Wohnungen für die Dienerschaft, wo von einigen Historikern die Existenz einer vom mythischen Al-Sahili gegründete *madrasa* bzw. muslimischen Universität angenommen wird. Wie dem auch sei, es kann versichert werden, dass die Hauptmoschee Málagas, wie so viele andere, verschiedenen sozialen Zwecken diente, wie der Verbreitung religiösen Unterrichts, Justizverwaltung oder der Ernennung von Obrigkeiten. Die Eroberung der Stadt wurde durch den Einzug des neuen Herrschers in die Hauptmoschee bestätigt. Nach der Eroberung von 1487 wurde die Moschee dem christlichen Kult gewidmet und der Jungfrau der Inkarnation geweiht. Die Moschee bestand bis 1489 weiter, bis das gotische Tor Puerta del Perdón erbaut wurde, wahrscheinlich als Ersatz des Haupttores vor dem Hauptschiff, das später ein Teil der Kirche Igesia del Sagrario →34 wurde. Diese Kirche wurde 1542 im nordöstlichen Teil der Moschee errichtet, wozu der Großteil des ehemalig islamischen Tempels abgerissen wurde.

Kathedrale der Inkarnation, Kirche des Sanktuariums und bischöflicher Palast

Im Jahr 1518, d.h. 30 Jahre nachdem die ehemalige Hauptmoschee dem christlichen Kult geweiht wurde, begannen die Bauarbeiten der **Kathedrale der Inkarnation** auf der gleichen Stelle. Da man aber die Finanzierung von den Steuern über die Verschiffung von Wein, Weintrauben und Olivenöl abhängig machte, zogen sich die Bauarbeiten über drei Jahrhunderte hinaus, wobei sie besonders unter den Wirtschaftskrisen litten. Das erste Projekt folgte dem spätgotischen Stil der Katholischen Könige, aber der Eingriff des Architekten Diego de Siloé gab dem Entwurf eine neue Renaissanceorientierung, die aber Mitte des Jahrhunderts ver-

Sicht auf die Kathedrale Málagas.

ändert wurde, als Diego de Vergara die Leitung übernahm, die dann von seinem Sohn weitergeführt wurde. Im Jahr 1588, nachdem der Kopfteil der Kirche beendet war, wurde dieser vom übrigen Teil des Bauwerkes getrennt, um hier die Heilige Messe feiern zu können. Auch wenn man bereits im Bereich des Chors gearbeitet hatte, wozu die alte Hauptmoschee niedergerissen wurde, dauerten die Bauarbeiten das ganze 17. Jahrhundert. Im 18. Jh. errichteten José de Bada und sein Baumeister Antonio Ramos die Hauptfassade mit barocken Charakter und führten die Arbeiten an den Schiffen weiter. Ab 1764 überwacht der klassizistische Architekt Ventura Rodríguez die Verbindung und den Abschluß der Bauwerke, wonach man endlich die Trennmauer abreißen konnte und den neuen Teil dem Gottesdienst übergeben konnte. Aber die Abschaffung der Hafensteuer im Jahr 1782 erzwingt die Aufgabe der Bauarbeiten und die beiden oberen Baukörper des Südturms und der Abschluß der Hauptfassade bleiben unvollendet.

Diese Fassade ist mit einem zurückgesetztem Atrium versehen. Im unteren Teil befinden sich drei reich dekorierte Bogen, jeder von ihnen mit Reliefarbeiten über die Verkündigung, dem heiligen Ciriaco und der heiligen Paula, der Schutzheiligen Málagas versehen. Darunter schließen die Tore das Innere der Kirche mit drei gleich hohen Schiffen und einem schmäleren Seitenschiff die von einem Chorumgang abgeschlossen werden. Dem Modell folgend das Siloé ein Jahr später bei der Kathedrale Granadas anwendet, verlängert man die Pfeiler mit angebauten halben Säulen über das Gesims, um die das Gewölbe tragenden Rundbogen zu stützen, wobei die Dekoration des Bauwerkes aus dem 18. Jh. reicher als jene des Kopfteiles ist. Besonders hervorragend ist das Chorgestühl, ein Werk verschiedener Künstler, unter Ihnen Pedro de Mena, der Erschaffer von 42 Statuen und der Abschlußarbeiten. Zwei großartige Orgeln aus dem Jahr 1780 befinden sich seitlich des Chors. Hervorragend sind auch die in rosa Stein gearbeiteten Kanzeln.

Innenansicht der Kathedrale.

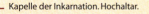

Málaga

Tour Nr. 1 | Die Stadt Málaga

In ihren 15 Kapellen und 25 Altaren finden wir wertvolle Werke. Die Kapelle der *Inkarnation*, in der Mitte des Chorumganges, verfügt über einen prachtvollen klassizistischen Altaraufsatz aus Marmor. Ihm folgt der gotische Altaraufsatz der Kapelle der *Santa Bárbara*, der sich in der ehemaligen Moschee-Kathedrale befand, obwohl die Hauptfigur im Jahr 1765 von Fernando Ortiz geschaffen wurde; die Kapelle von *San Francisco de Asís*, mit zwei erzbischöflichen Grüften; und die Kapelle der hl. Jungfrau, bzw. *Virgen de los Reyes*, in der sich eine von der Königin Isabella gestiftete gotische Marienskulptur befindet, sowie die betenden Figuren der Katholischen Könige von Pedro de Mena, deren Modell er in größeren Dimensionen in der Kathedrale von Granada wiederholte. Von Pedro de Mena ist, unter vielen anderen, die *Dolorosa* (Schmerzensmutter) in einer zentralen Mauernische der modernen Kapelle *der Gefallenen*, die sich im unteren Teil der Kathedrale befindet, wo auch ein *Gekreuzigter* seines Vaters, Alonso de Mena, untergebracht ist. Es muß ebenfalls ein Mariengemälde von Alonso Cano erwähnt werden, das die Jungfrau *Virgen del Rosario* in der Kapelle ihres Namens darstellt. Zwischen diesen befindet sich die *Capilla del Sagrado Corazón*, mit einem Altaraufsatz aus dem 16. Jh., zusammengesetzt aus 12 Tafeln über das Martyrium des hl. Pelayo. Die Kollektion der religiösen Werke wird in der Schatzkammer, dem ehemaligen Kapitelsaal der Kathedrale, vervollständigt,.

Die **Sagrario Kirche**, an der Nordseite des *Patio der Orangen*, wurde zu Beginn des 16. Jhs. erbaut und im 18. Jh. durch ein einfaches einschiffiges Bauwerk mit Tonnengewölbe ersetzt. Vom ehemaligen Gotteshaus ist das flämisch-gotische Portal del Perdón erhalten geblieben, das aus zwei von Giebeln eingerahmten Körpern besteht. Die Gottesstatue in einer Mauernische von Pflanzenmotiven und Wappen flankiert, krönt die Traufleisten des Tores. Im

Kapelle der Inkarnation. Hochaltar.

Chorgestühl. Detailansicht.

oberen Teil flankieren kirchliche Persönlichkeiten die Marienfigur, von der ein kaum erkennbarer formloser Rest erhalten geblieben ist. Von großer Pracht ist ebenfalls der platereske Aufsatz des Hauptaltars, von einem Dorf in Palencia im 20. Jh. herbeigeschafft.

Der **Bischöfliche Palast** setzt sich aus einem Gebäudekomplex zusammen der wuchs und sich seit dem 16. Jh. bis 1762 ständig veränderte. Aus dieser Zeit stammt die barocke Fassade am Plaza del Obispo, gegenüber der Hauptfassade der Kathedrale. Von Pfeilern in fünf Teile mit drei Stockwerken geteilt und von einer Balustrade mit Giebeln abgeschlossen, weist sie in ihrer Mitte ein prachtvolles Portal in rosaroten, weißen und grauen Marmor auf, gekrönt von einer Mauernische mit einer leidenden Marienstatue. Er verfügt über einen nüchternen Patio mit toskanischen Säulen und eine schöne Treppe mit ausgeschmücktem Gewölbe. Nachdem im Palast das Diözesanmuseum untergebracht war, werden hier jetzt vorübergehende Ausstellungen abgehalten.

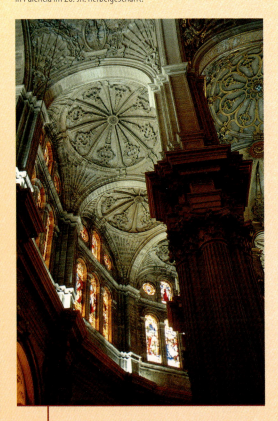

Innenansicht der Kathedrale.

Bischöflicher Palast.

Ein Spaziergang durch Málaga

Wir schlagen vor die Tour am **Plaza de la Marina** ➞6 zu beginnen, der den Zugang zum Hafen mit Parkanlagen und der Alameda verbindet, die südliche Grenze der historischen Altstadt. Als Produkt der Stadtplanung des 19. Jhs. wurde der Platz im 20. Jh. umgebaut und später, in den 90ziger Jahren, noch einmal, als die Hafenmauer des 17. Jhs. und die Mauer der Nasriden zu Tage kamen. Die Überreste wurden in den Tiefgaragen integriert und dienen als Rahmen für vorübergehende Ausstellungen. Auf dem kleinen Platz, von dem die Alameda ausgeht, erhebt sich das **Monument des Markgrafen von Larios**, von Mariano Benlliure am Ende des 19. Jhs. erschaffen. Dieser Industriemagnat aus Málaga war der Vorantreiber der Stadtreform der, mit der Anlegung einer Straße seines Namens, das Herz der Stadt mit dem Hafen verband. Die **Marqués de Larios** Straße, kommerzielle Hauptader Málagas, von Eduardo Strachan am Ende des 19. Jhs. der Schule Chicagos folgend entworfen, mündet auf den **Plaza de la Constitución**, ein ehemaliger maurischer Marktplatz der mit der christlichen Eroberung in Hauptplatz umgewandelt wurde ➞12. Sein moderner Brunnen inspiriert sich in jenem der Drei Nymphen ➞41.

Auf der östlichen Seite des Platzes beginnt die **Passage de Chinitas**. Das populäre Theatercafé, Schauplatz einer alten Romanze über den Stierkämpfer Paquiro —von García Lorca inszeniert—, existiert nicht mehr. Nichtsdestoweniger, man spürt noch die romantische Atmosphäre die sich hier verbreitet haben muß, als die damaligen Persönlichkeiten des Flamencos auf die Bühne traten. Wenn wir uns direkt zur Kathedrale begeben wollen ➞32, so gehen wir durch die Passage zur Fresca Straße, über diese dann zur Salina Straße und danach zum Plaza del Obispo ➞38. Es gibt jedoch verschiedene Punkte im westlichen Teil der Altstadt die einen Besuch wert sind. Dazu müssen wir aber zum Plaza de la Constitución zurückgehen.

Plaza de la Constitución – Platz der Verfassung.

Die Nummer 7 des Platzes ist das ehemalige Gebäude des Konsulats **Casa del Consulado**, später dann Sitz der **Sociedad Económica de Amigos del País** (Ökonomische Gesellschaft der Landesfreunde), mit einem schönen Patio aus dem 18. Jh.. Dieses Gebäude und die anschließende Kirche **Iglesia del Santo Cristo de la Salud**, gehörten ursprünglich zum Kollegium der Jesuiten. Sowohl die Architektur —auf einem kreisförmigen Grundriß in einem Rechteck— sowie de Dekoration des Gotteshauses sind ein klares Produkt des ästhetischen Konzepts des Jesuitenordens des 17. Jhs., in den die Kunst vom Manierismus zum Barock übergeht. Von der Compañía Straße führt die Gasse Calleja de los Mártires zum Platz gleichen Namens. Den Heiligen Ciriaco und Paula geweiht, Schutzheilige der Stadt, war die Kirche **Iglesia de los Santos Mártires** eine der gotischmudejar Stiftungen der Katholischen Könige im Jahr 1487, obgleich das Bauwerk des 16. Jhs. dann im 18. Jh. weitgehend umgebaut und vergrößert wurde. Ihre Dekoration, besonders reich im vorderen Teil, ist ein wichtiges Beispiel des Spätbarocks.

Wenn wir zur Compañía Straße zurückgehen, so führt uns jede beliebige gegenüberliegende Straße über die Especierías und Cisneros Straßen zur Santa Isabel Straße am Ufer des Flusses Guadalmedina. Die Nummer 10 entspricht dem ehemaligen **Mesón de la Victoria**, eine im 17. Jh. über einer bereits im 15. Jh. errichteten Herberge erbaut. Ihr Baustiel kombiniert die Tradition der muslimischen fondak mit Elementen aus der Renaissance, wie die Arkaden des Patios. Seit 1975 ist hier das **Museo de Artes y Costumbres Populares** (Museum für Kunst u. Volksbrauchtum), mit sehr interessanten Werkzeugsammlungen, Gebrauchsgegenständen und Erklärungen über das Leben auf dem Land, Meer, über Industrie und Bürgertum in Málaga und Provinz. Wenn man die Straßen Pasillo de Santa Isabel und Arriola weitergeht kommt man zum **Mercado Central**, in dem noch das Tor der mittelalterlichen **Atarazanas** (Werften) 28 erhalten geblieben ist. Die Straßen Torregorda und Puerta del Mar,

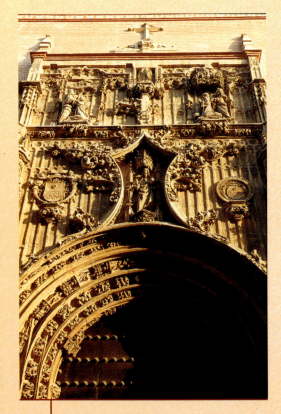

Sagrario Kirche. Platereskes Portal.

Palast Casa Consulado. Patio.

deren Namen uns noch an zwei wichtige Punkte der ehemaligen Küstenbefestigung erinnern, führen zur Hauptalle aus dem 19. Jh., der **Alameda Principal**. Von hier aus können wir zum Plaza de la Marina ↪26 zurückgehen und über die Molina Larios Straße bis zum Plaza del Obispo, an dem sich die **Kathedrale**, die Kirche **Iglesia del Sagrario** und der **bischöfliche Palast** ↪32 befinden.

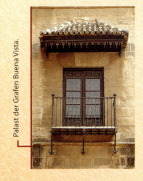

Palast der Grafen Buena Vista.

Von der Santa María Straße aus, neben der Kirche Iglesia del Sagrario, führt die San Agustín Straße zum **Palacio de los Condes de Buena Vista**, eines der wenigen Zivilbauwerke im Renaissancestil Málagas aus dem Jahr 1540. Die nüchterne Fassade mit platereske Elementen sowie der Aussichtsturm, verleihen ihm einen festungsartigen Aspekt. Nach der Vorhalle kommt man in einen Patio mit Säulengang und Mudéjarelementen. Das im Umbau begriffene Gebäude wurde zur Aufnahme des **Picasso Museum** bestimmt. Bei den Bauarbeiten kamen Reste punischer Stadtmauern zu Tage.

Danach kommen wir in die Fußgängerzone der Granada Straße ↪14. In Richtung zum Plaza de la Merced können wir die Kirche **Iglesia de Santiago** betrachten, eine weitere Stiftung der Katholischen Könige. Sie wurde im 18. Jh. reformiert und von seiner ehemaligen Mudéjarstruktur sind noch zwei Elemente erhalten: das zugemauerte Portal mit gedrücktem Bogen und Hängezwickel mit Fliesen sowie der Turm, dessen Ziegelsteine die *sebka* Dekoration der Almohaden aufweisen. Im Inneren ist die barocke Stuckdekoration in den Seitenkapellen des Kreuzschiffes hervorzuheben.

Sebka Dekoration. Santiagokirche.

Der **Plaza de la Merced** ist ebenfalls ein Ergebnis der Stadtplanungen des 19. Jhs. Lokale Geschichtsschreiber erwäh-

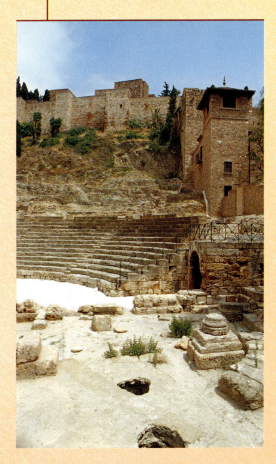

Römisches Theater und muslimische Alcazaba Festung.

Alcazaba Festung.

Gemeinde.

nen, dass sich an dieser Stelle das römische Amphitheater befand. Zu Zeiten der Mauren war es ein Marktplatz außerhalb der Stadtmauern, im Außenviertel Fontanella, neben dem nicht mehr existierenden Tor Puerta de Granada. Durch dieses Tor, so wird es überliefert, marschierten 1487 die christlichen Truppen in die Stadt. In den darauffolgenden Jahrhunderten installierten sich hier die Kloster de la Merced und de la Paz sowie das Hospital Santa Ana, die heute nicht mehr existieren. In der Mitte des Platzes erhebt sich seit 1842 das **Monument an den General Torrijos**, ein Werk von Rafael Mitjana. Über der Gruft dieses liberalen Helden, der auf den Stränden Málagas 1831 erschossen wurde steht ein hoher, von einem Obelisk mit Lorbeerkränzen abgeschlossener, Sockel. In einem der Gebäude des 19. Jhs. auf der Nordseite des Platzes, als *Casas de Campos* bekannt, wurde 1881 die universellste Persönlichkeit Málagas geboren, der Künstler Pablo Picasso. Im Jahr 1988 wurde hier die Stiftung **Fundación Pablo Picasso** eingeweiht, in dem Dokumente und Bibliographien über den Künstler und zeitgenössische Kunstwerke untergebracht sind.

Vom Plaza de la Merced über den Plaza de María Guerrero gehen wir jetzt die Alcazabilla Straße hinunter, wo wir das prachtvolle **römische Theater**$_{>,8}$ und die Gärten Ibn Gabirol betrachten können bevor wir zum Eingang der **Alcazaba**$_{>,22}$ hinaufgehen. Nach dem Besuch der maurischen Festung kommen wir am Ende der Straße zum Zollpalast **Palacio de la Aduana**$_{>,4,>,6}$, der Ende des 18. Jhs. projektiert wurde um das alte Zollgebäude am Tor Puerta del Mar$_{>,28}$ zu ersetzen, das sich zu weit vom Hafen entfernte, dessen Verkehr es kontrollieren sollte. Nach einigen Schwierigkeiten wurde das Bauwerk 1830 beendet. Es handelt sich um ein klassizistisches Gebäude mit quadratischem Grundriß, dessen Gänge in einen wunderbaren Patio mit doppeltem Rundgang münden, der von einer Balustrade mit römischen Büsten abgeschlossen wird. Nachdem es verschiedenen Zwecken gedient hat, unter anderem als Tabakfabrik, ist es heute die Niederlassung der Subdelegation der Regierung. In den Untergeschoßen wird außerdem eine Auswahl von Werken des Museums der Schönen Künste ausgestellt. Auch das archäologische Museum, das früher in der Alcazaba untergebracht war, könnte hier seinen neuen Standort finden.

Biznaguero.

Verlassen wir nun den historischen Teil der Stadt und begeben wir uns zum Boulevard **Paseo del Parque**, ein breites grünes Band, das am Ende des 19. Jhs. über einem dem Meer abgerungenen Landstreifen angelegt wurde. Es handelt sich um einen wahren botanischen Garten, in dem eine Vielzahl von tropischen und subtropischen Pflanzenarten akklimatisiert wurden. Auf seinen kleinen Plätzen werden wir die Büsten von Salvador Rueda, Antonio Cánovas del Castillo, Rubén Darío oder des populären Blumenverkäufers, dem *Biznaguero*, finden. Besonders attraktiv ist der Renaissancebrunnen **Fuente Genovesa**, bzw. **Fuente de Carlos V**, mit verschiedenen, wahrscheinlich in Italien hergestellten Figuren. Das Haus des Gärtners, bzw. **La Casita del Jardinero**, halb im Grünen versteckt, dient gegenwärtig als Fremdenverkehrsbüro der Gemeinde, d.h., **Oficina Municipal de Turismo**.

Brunnen der drei Nymphen.

Parallel zum Park, in der Avenida de Cervantes, stehen nacheinander drei historische Gebäude aus dem ersten Drittel des 20. Jhs.: das ehemalige Postgebäude, bzw. **antiguo Edificio de Correos**→,4,→6,→6, ein Bauwerk im Neomudéjarstil mit kleinen runden Ecktürmen, nun das europäische Dokumentationszentrum und Rektorat der Universität Málagas; die spanische Nationalbank **Banco de España**, dessen klassizistischer Stil mit seinem feierlichen Portikus und sechs korintischen Säulen offenbar wird; und das Gemeindegebäude, bzw. **Ayuntamiento**, ein monumentales neubarockes Gebäude von Guerrero Strachan und Rivera Vera. Mit seiner Einweihung im Jahr 1919 wollte der Stadtrat sein Prestige mit einem Wahrzeichen an einer wichtigen Stelle der modernen Stadt zeigen. Zusammen mit der dynamischen Aufgliederung seiner Fassaden verdient die mit Glasfenstern geschmückte Haupttreppe, die Darstellungen geschichtlicher Ereignisse der Stadt wiedergeben, eine besondere Bemerkung sowie der Sitzungssaal, dessen Decke von hervorragenden Malern Málagas

Pedro Luis Alonso Gärten.

Gebäude des Hotel Miramar.

Paseo de Reding, befindet sich die Stierkampfarena, d.h. der **Plaza de Toros** im Neomudéjar-Stil, und weiter vorne, die Nummer 22, das ehemalige **Hotel Miramar**, heute Justizpalast. Es handelt sich um eine weitere historische Realisierung von Guerrero Strachan, die in diesem Fall in den 20ziger Jahren errichtet wurde. Die Südfassade setzt sich aus verschiedenen Terrassen zusammen die dem bürgerlichen Luxus jener Epoche entsprechen. Als Abschluß unseres Spazierganges können wir bis zur Promenade **Paseo de la Farola** am Strand der Malagueta entlang spazieren. Der ehemalige Leuchtturm befindet sich am Ende des Hafendamms. In der Nähe des anderen Extrems, neben der Velez Straße, können wir die populäre Statue des *Cenachero* betrachten, ein Werk des Künstlers Jaime Pimentel, das einen Fischträger darstellt.

dekoriert wurde. Fernando Guerrero Strachan, der bei der Rekonstruierung der Alcazaba₉₂₂ arbeitete, wurde in den 40ziger Jahren auch damit beauftragt die Gärten **Jardines de Puerta Oscura**₃₁₆ anzulegen, zu Füßen der Südmauer der Alcazaba sowie die anschließenden Gärten **Jardines de Pedro Luis Alonso**, die zusammen mit dem Paseo del Parque eine privilegierte Umgebung für das Gemeindegebäude schaffen. Im Entwurf der Gärten erkennt man die Verbindung der hispano-muslimischen Tradition mit dem Landschaftsdesign des 19. Jhs., wobei man bei letzterem Teiche mit Quellen und einen Vogelkäfig inmitten von Blumengärten und Orangenbäumen angelegt hat, und in den Gärten der Puerta Oscura, Treppen und Brunnen unter verschiedenen Baumarten.

Der Boulevard, bzw. Paseo del Parque, wird im Osten vom Plaza des General Torrijos abgeschlossen, in dessen Mitte sich ein schöner französischer Brunnen des 19. Jhs. befindet, der **Brunnen der drei Nymphen**, der früher auf dem Plaza de la Constitución stand. Am Zugang zur Promenade

Sicht von der Festung Alcazaba auf den Pier und Leuchtturm.

Weitere Sehenswürdigkeiten Málagas

Wir wollen unseren Besuch Málagas nicht beenden, ohne vorher weitere interessante Punkte zu empfehlen die sich nicht im Zentrum befinden, weshalb sie die Benützung von öffentlichen Verkehrsmittel oder eines eigenen Fahrzeuges zur Anfahrt benötigen. Die erste Sehenswürdigkeit ist die Kirche **Santuario de la Virgen de la Victoria**. Sie war ursprünglich eine Klause, die an derselben Stelle errichtet wurde, an der König Ferdinand der Katholische während der Belagerung Málagas sein Lager aufschlug, woher auch der Name entstand. Später wurde hier ein Kloster der Pauliner Mönche gegründet. Der schöne Kreuzgang im Mudejarstil —an die Klause angebaut— ist erhalten geblieben. Das Kloster wurde Ende

Sicht vom Gibralfaro Berg auf die Strände Pedregalejo und El Palo.

des 17. Jhs. durch ein neues barockes Gotteshaus ersetzt, finanziert vom Grafen Buenavista. Im Gotteshaus, das mit Stuckarbeiten dekoriert wurde und deren Autor wahrscheinlich Felipe de Unzurrúnzaga war, sticht der Turm der Altarkapelle hervor, der durch einen Gang mit der Gruft der Grafen verbunden ist, in dem sich düstere Figuren aus weißem Gips vom schwarzen Hintergrund der Mauern und Gewölbe abheben. Als Gegenteil bietet die achteckige Marienkapelle der Schutzheiligen der Stadt, mit ihren reichen Pflanzenmotiven, Engeln und marianischen Symbolen eine himmlische Erscheinung. Die Altarkapelle steht zum Gotteshaus hin offen, mit einem interessanten Altaraufsatz vom hl. Francisco de Paula, aus den Jahren nach 1620. Der Zugang zur Turmkapelle ist auf der rechten Seite des Gotteshauses.

Um auf den Gibralfaro Berg zu gehen nimmt man eine Abzweigung von der Promenade Paseo de Salvador Rueda. Es gibt auch eine Autobuslinie die von der Promenade Paseo de Sancha abfährt. Der Besuch der Burg **Castillo de Gibralfaro** lohnt sich auf Grund ihrer geschichtlichen Bedeutung und der Tatsache, dass man von hier aus die beste Aussicht auf die Stadt hat. Danach können wir zur Meerespromenade hinuntergehen und weiter bis zu den Oststränden Málagas. Die Strände **Pedregalejo** und **El Palo** gehören zu den traditionellen Fischervierteln, die auf Grund einiger erhalten gebliebenen Beispiele populärer Architektur und auf Grund der köstlichen Fischgerichte, die in vielen Restaurants und Terassen mit Sicht aufs Meer serviert werden, sehr geschätzt sind.

Wenn wir über die Autovía de las Pedrizas in Richtung Antequera hinausfahren, kommen wir bei einer Ausfahrt nach einer Tankstelle zum Gutshof **Finca de la Concepción**, wo wir eine der bedeutendsten tropischen Gartenanlagen betrachten können, die Eigentum der Markgrafen des Hauses Loring war, die hier Mitte des 19. Jhs. auch einen kleinen klassischen Palast erbauen ließen. Es soll erwähnt werden, dass die Markgräfin den Palast von ihrem Vater erhielt, der bedeutende Industrielle Málagas, Manuel Augu-

Gutshof Finca de la Concepción.

stin Heredia. Die Begeisterung für Archäologie veranlasste sie dazu, eine bedeutende Kollektion in einem dorischen Tempelchen zu vereinigen. Brunnen, Brücken und ein Aussichtspunkt sind zwischen exotischen Baumarten angelegt, auf einem Gutshof der im Jahr 1943 zum kunsthistorischen Garten erklärt und kürzlich von der Gemeinde erstanden wurde.

Auf der Landstraße nach Coín, etwa 3 km nach Málaga, liegt der Gutshof **Hacienda de El Retiro**, der im 17. Jh. für den Bischof Frey Alonso de Santo Tomás angelegt wurde. Aus dieser Zeit stammt der Blumen- und Gemüsegarten *jardín huerto*, mit einem manieristischen Brunnen. In der ersten Hälfte des 18. Jhs. wird von den Grafen de Buenavista die Erweiterung des Gartenpatios *jardín patio* vorgenommen, in dessen Erdgeschoß eine Skulpturengruppe existiert, die wahrscheinlich wie der Brunnen, italienischer Herkunft ist. Im fortgeschrittenen 18. Jh. ordnet Graf Villalcázar die Realisierung des höfischen Gartens an, präsidiert vom Kaskadenbrunnen. Heute ist der **El Retiro** ein **ornithologischer, botanischer und kunsthistorischer Park**, der verschiedenen exotischen Vogelarten Unterkunft bietet.

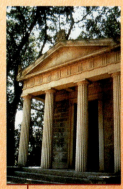

Loringiano Museum.

Phönizisch-römische Stadt

Die phönizisch-römische Stadt Suel

Málaga

Tour Nr. 2 | Westliche Costa del Sol

Die Präsenz von Bastulos und anderen Stämmen scheint hier sehr wahrscheinlich gewesen zu sein. Auf halbem Weg zwischen *Gades* (Cádiz) und *Malaka* (Málaga), diente die Bucht den Schiffen, die den Fuengirola stromaufwärts fuhren, als natürlicher Hafen. Die Gründung wird den phönizischen Ansiedlern zugeschrieben, die hier eine Fabrik zur Herstellung von gepökeltem Fisch errichteten. Nach einer Periode punischer Herrschaft verwandelten die Römer *Suel* in eine, von Augustus dem *conventus* von Gades, verbündeten Gemeinde. Antonino und Plinio berichten von ihr als befestigte Stätte. Es scheint, dass eine bedeutende Oligarchie existierte und man Neptun mit einem besonderen Kult verehrte.

Im 5. Jh. von Germanenstämmen angegriffen, wurde ihre Burg erst unter maurischer Herrschaft von Abd al-Rahman im 10. Jh. erweitert. Heute ist sie restauriert und wird als Festsaal benutzt. Von hohen, rechteckigen Türmen umgeben, erhebt sich ihre enorme Silhouette über einen Hügel im Westen der Stadt. Hier unterzeichneten der Nasridenkönig Yusuf I. und Heinrich II. von Kastilien 1340 die Waffenruhe, die dem Handel Aufschwung verlieh. Die Mauren tauften Suel auf *Sohail* um, der Name eines Sterns der Konstellation Argos, den man der Tradition gemäß lediglich von der Festung aus sehen konnte.

Sohail Burg.

Fuengirola

1487 wurde die Stadt von den Katholischen Königen erobert und die Burg zerstört, aber durch die späteren Piratenangriffe wurde man gezwungen sie wieder aufzubauen. Im Unabhängigkeitskrieg stritten sich Franzosen, Engländer und Spanier um die Stadt. Der heutige Name wurde von *girolas* abgeleitet, d.h., vom Namen der Schiffe die von den hier angesessenen Genuesern für den Fang von kleinen Fischen, auch *boliche* genannt, verwendet wurden, die gleichzeitig auch dem ehemaligen Unterbezirk, Santa Fe de los Boliches, seinen Namen verlieh, der aber heute zur Stadt gehört.

Immer mit dem Überseehandel und der Herstellung von gepökeltem Fisch verbunden, wobei das meist geschätzte Produkt die garum bzw. Fischsauce war, sind die Spuren von Suel auf verschiedenen Stellen verteilt zu Tage gekommen. An der Flußmündung erschienen die Überreste eines Aquädukts, Mosaike, Inschriften und später Reste von Wohnhäusern, abgesehen von einer Zone mit Gräbern südlich der Burg. Wenn man dem Fluß auf seiner linken Seite folgt, wo sich gegenwärtig der Parque Cementerio befindet, kann man auf dem Gutshof Finca de Acevedo eine Fabrik zur Herstellung von gepökeltem Fisch sehen, mit Wohnhäusern und einen Friedhof aus spätrömischer Zeit. Auf dem Gutshof Secretario, in der Nähe des Baches arroyo Pajares, wurden neben Resten von Thermen Pökelbecken gefunden, sowie Öfen und Wohnhäuser und eine Venusskulptur aus dem 2. Jh. n.Chr. Auch in Torreblanca del Sol, nahe des Baches arroyo de las Presas, wurden Thermen gefunden die man für die Pökelindustrie wiederverwendet hatte, sowie eine Zisterne und ein westgotischer Friedhof.

Römische Villa

Römische Villa Río Verde

Marbella

Im Gemeindegebiet von Marbella hat man Funde aus der Altsteinzeit gemacht, im Jagdgebiet Coto Correa, sowie auch aus der Neusteinzeit in der Höhle Cueva de Pecho Redondo. Nichtsdestoweniger scheint bestätigt zu sein, dass die Gründung des heutigen Ortes zu Zeiten der Römer stattfand, wobei es sich um das iberische *Salduba* handeln könnte, das von Plinius und Ptolemäus erwähnt wurde. Sein Umkreis, wahrscheinlich befestigt, stimmte mehr oder weniger mit der Altstadt überein. Auch wenn die heute noch erhaltenen Mauerreste und Türme von der maurischen Festung stammen, so sind die unteren Quadersteine und Kapitelle an der Mauer zur Trinidad Straße römisch. Dazu müssen noch andere Überreste gezählt werden, wie jene unter der Alta del Muro Straße gefundenen Thermen, oder die Reste eines Fundamentes unter den Gebäuden des Plaza de los Naranjos.

Besonders interessant sind die Ausgrabungen des Jahres 1961 in der Nähe der Mündung des Rio Verde, 5 km. westlich vom Stadtzentrum. Es handelt sich um eine hispano-römische Villa, die im 1. Jh. n.Chr. oder zu Beginn des folgenden errichtet wurde. Mitte des 2. Jhs. brannte sie teilweise ab, wonach sie aber bis ins 4. Jh. weiter benützt wurde. Es scheint als ob sie zu einem etwa 6 ha großen Stadtteil auf der linken Seite des Flusses gehörte und dass es sich dabei um das *Cilniana* der *Reise von Antonino* handeln könnte. Der bis jetzt freigelegte Teil umfaßt ein rechteckiges Atrium, bei dem drei Seiten von einer Galerie bzw. einem *Peristylium* umringt sind, von dem lediglich die Sockeln seiner zwölf Säulen erhalten geblieben sind, in den fünf Wohnräume führen. Obwohl es sich um ein Herrschaftshaus handelt, wie es von der Typologie der Residenz und der Qualität der Materialien bestätigt wird, so wurde hier auch die Tätigkeit der Fischerei ausgeübt, denn unter den Resten wurden auch Angelhaken, Nadeln zum Nähen von Fischernetzen und Muschelschalen gefunden.

Aber der Wert der Ausgrabungen liegt vor allem in der Qualität und Originalität der Mosaike des Fußbodens. Im nördlichen Raum umringen Vögel, Enten, Krater und pflanzliche Motive einen zentralen Kreis. Dieser stellt einen *Gorgoneion* bzw. ein Schild dar, über dem ein Medusenhaupt mit Schlangen in den Haaren und um den Hals erscheint. Es handelt sich um das einzige vielfarbige Mosaik, im Gegenteil zu den restlichen die zweifarbig sind.

Gleich wie in den südlichen Räumen, weisen die Mosaike in den drei Säulengängen geometrische Figuren auf, mit welchen sich auf weißem Grund kleinere Quadrate mit dreiblättrigen Blumen vermischen sowie größere Quadrate die sechs verschiedene Motive einschließen. Das Innere der westlichen Galerie und die Außenseite der südlichen werden teilweise von Mosaiken mit figürlichen Motiven eingesäumt. Das erste mißt 3,60 m und stellt Themen des Meeres dar: Anker, Steuerruder und Delphine. Jenes der Südseite breitet sich über 15 m aus, auf Art eines Stillebens, mit verschiedenen kulinarischen Themen —pflanzliche und tierische Speisen, Küchenutensilien, ein Tisch— auf eine schematische Weise entworfen, die sehr an die Kunst des 20. Jhs. erinnert.

Altchristliche Basilika

Altchristliche Basilika in Vega del Mar

San Pedro de Alcántara

Zwischen San Pedro Alcántara und dem Strand, in der Urbanisation Linda Vista, wurden zu Beginn des 20. Jhs. archäologische Ausgrabungen vorgenommen. Bei diesen Ausgrabungen kamen die Reste einer altchristlichen Basilika zum Vorschein, umringt von westgotischen Grabstätten. Die Mauern der Basilika, von denen nur die Grundsteine erhalten sind, bestehen aus großen mit Mörtel verbundenen Geröllsteinen, während an einigen Ecken und Türpfosten auch gebrauchte Ziegelsteine verwendet wurden. Das rechteckige Gebäude, das eine ungewöhnliche nordost-südost Ausrichtung hat, besitzt eine halbrunde Apsis auf beiden Stirnseiten, was öfter in Nordafrika typische ist obwohl man einige Exemplare dieser Art auch auf unserer Halbinsel gefunden hat.

Das Gebäude unterteilt sich in drei Teile, wie man aus den Resten der Steinpfeiler schließen kann. Die symmetrische Aufteilung der drei Pfeiler im östlichen Teil unterscheidet sich von jener des westlichen durch ihre Größe und da sie nicht symmetrisch ist. Diese Tatsache verhalf das Entstehungsdatum des Tempels herauszufinden. Von einigen Fachkundigen wird seine Entstehung in das 6. Jh., d.h. in die westgotische Herrschaft verlegt. Andere verlegen seinen Ursprung ins letzte Drittel des 4. Jhs., nach dem Seebeben das im Jahr 365 die Küste verwüstete und gleichzeitig die kleine Burg, die wahrscheinlich an der Küste von San Pedro de Alcántara stand und die von einigen als die von Antonino erwähnte *Cilniana* identifiziert wurde →46. Baumaterialien von zerstörten Gebäuden haben wahrscheinlich gedient die Basilika zu errichten. Diese hat dann in den nächsten zwei Jahrhunderten schwere Schäden erlitten, was die plumpe Rekonstruktionen des westlichen Schiffes zur Folge hatte.

Von den zwei Sakristeien an der Hauptapside, die normalerweise für die Zubereitung von Hostien und zur Aufbewahrung von liturgischen Gewändern und Gegenständen verwendet wurde, verwandelte man jene der Epistelseite in der zweiten Hälfte des 16. Jhs., in Zeiten der byzantinischen Herrschaft, in eine Taufkapelle, in dessen Mitte man ein großes, 1,10 m tiefes, Taufbecken installierte, wo die Katechetenschüler, meist Erwachsene, durch untertauchen getauft wurden.

Der Friedhof hat wahrscheinlich seinen Ursprung in vorchristlicher Zeit und wurde dann bis zum Einfall der Mauren weiter benutzt. Auch wenn man hier bis zu sechs verschiedene Grabstätten identifiziert hat, herrschen die mit großen flachen Steinen bedeckten Gräber aus Ziegelsteinen und Grabhügel vor. Man hat bis zu drei übereinander liegende Gräber festgestellt und es kommt häufig vor, dass diese gruppiert erscheinen und gemeinsame Bauelemente aufweisen. Bei einigen hat man große mit Inschriften versehene Fragmente von Marmorplatten verwendet, die vielleicht von der zur Ruine gewordenen Basilika stammen. Bei den Ausgrabungen hat man auch einige Inschriften gefunden, sowie Schmuck, Tongefäße, Gürtelschnallen und eine kleine Anzahl von Münzen.

Taufbecken.

Eine Tour an der westlichen Costa del Sol

Nur 12 km von der Hauptstadt entfernt, im äußersten Osten der Sierra von Mijas, liegt **Torremolinos**, jenes kleine Fischerdorf, in dem in den 50ziger Jahren der **Boom** des Fremdenverkehrs an der Küste Málagas begann, und das sich in den folgenden Jahrzehnten in seine Referenz verwandelte. Seit 1489, nachdem Málaga von den Christen erobert wurde, wird dieser Ort als Molinos de la Torre oder Torre de los Molinos erwähnt, bezugnehmend auf einen Wachtturm des 14. Jhs. und auf die Getreidemühlen die unter seinem Schutz entstanden. Obgleich unabhängige Gemeinde, war sie zwischen 1924 und 1988 Teil des Gemeindegebietes der Stadt Málaga.

Die **Fußgängerzone San Miguel** ist tagsüber der neuralgische Mittelpunkt des nationalen und internationalen Tourismus, der in den Sommermonaten die Hotelkomplexe, Apartments und Urbanisationen belegt und die Nächte mit intensiven Aktivitäten belebt. Am Ende der Zone befindet sich der Turm **Torre de Pimentel**. In seiner Nähe führt eine Passage hinunter zum traditionellen Viertel **El Bajondillo**, das uns wiederum bis zum Strand gleichen Namens bringt. Das durch den karstigen Grund dieses Bodens gefilterte Wasser wurde gesammelt und von den Bewohnern genutzt, die bereits vor der christlichen Eroberung die Mühlen betrieben um das Getreide zur Versorgung der Stadt zu mahlen. Man kann tatsächlich noch immer eine Kaskade unter dem erwähnten Turm erkennen. Dem Strand gegenüber steht ein schöner kleiner neuarabischer Palast, das Haus **casa de los Luque Navajas**. Auf der anderen Seite liegt der Strand **La Carihuela**, ein ehemaliges Fischerviertel wie Bajoncillo, sehr bekannt für seine Restaurants und Strandbuden bzw. chiringuitos für frittierte Fischgerichte. Torremolinos verfügt außerdem über den ersten an der Costa del Sol errichteten **Palacio de Congresos**.

Die 9 km lange Küste von **Benalmádena-Costa** wird von einem dicht bebautem Gebiet gebildet, das im Osten an Torremolinos und an Fuengirola im Westen grenzt. Abgesehen von seinen ausgedehnten Stränden und dem Casino de Torrequebrada, verfügt es über eine Vielzahl von Reizen für den Fremdenverkehr: in der Mitte seines Sporthafens liegt ein schöner Residenzkomplex, la **Isla de Puerto Marina** genannt Am Ende der Promenade befindet sich das neuarabische Gebäude **Castillo de Bil-Bil** in dem ein Kulturzentrum untergebracht ist. Zwei Kilometer weiter im Inland und auf 280 m Höhe liegt das Dorf **Benalmádena** in dem noch die traditionelle Bauweise erhalten geblieben ist und das interessante Ausblicke auf die Küste bietet. In seinem **Museo Arqueológico Municipal** ist eine Kollektion von Stücken aus vorkolumbischen Zeiten Amerikas unter-

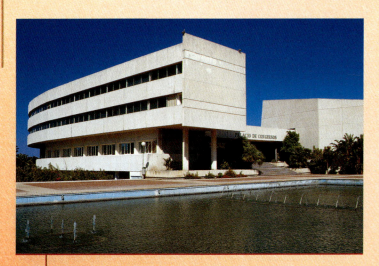

Kongresspalast von Torremolinos.

gebracht. Als Ort der Konzerte und Sommerspiele, befindet sich der Vergnügungspark **Tivoli World** in Viertel **Arroyo de la Miel**, das dritte Zentrum des Gemeindegebietes.

Der Bergbau in maurischen Zeiten verlieh Benalmádena seinen Namen, der übersetzt soviel wie *Söhne der Mine* bedeutet. Die Burg wurde nach der christlichen Eroberung zerstört, obwohl seit diesem Zeitpunkt seine Funktion der Küstenüberwachung verstärkt wurde, zum Schutz vor den Piraten Nordafrikas. Zeugen davon sind die Wachttürme —**atalayas**— Torre del Muelle, Torre Quebrada und Torre Bermeja.

Fuengirola, das ehemalige Suel, das wir vorher erwähnt haben ↝44, verfügt über eine der längsten Strandpromenaden Spaniens. Die Fassaden einiger Gebäude sind mit Wandgemälden zeitgenössischer Künstler versehen, weshalb man die Promenade auch **Freiluftmuseum** genannt hat. Auf der Promenade des Viertels Los Boliches hat man die Fassade eines römischen Tempels rekonstruiert.

Obwohl sein Gemeindegebiet bis an die Küste reicht, so liegt das Dorf **Mijas**, 4 km von Fuengirola entfernt, an einem wunderschönen Aussichtspunkt auf 420 m Höhe, am Hang der Sierra gleichen Namens deren Steinbrüche im Laufe seiner Geschichte immer schon genützt wurden. Das römische Tamisa wurde von den Mauren wohl Mixa genannt, als es beim Aufstand von Omar ibn Hafsún ↝98 an seiner Seite stand. Als es von den Christen nach der Eroberung der Kastilier wieder bevölkert wurde, verlieh man dem Ort den Titel Villa, als Anerkennung der Treue die man Karl V. während der Kriege im Volksaufstand erwiesen hatte. Auf Grund der Erhaltung der populären Architektur wurde es zum Kulturgut erklärt. Über den touristischen Reiz seiner *burro-taxis* oder dem Carromato de

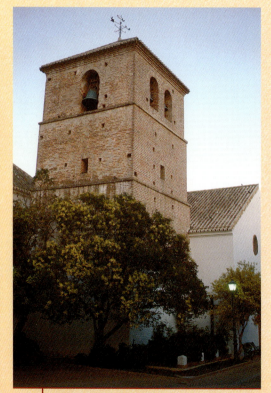
Kirchturm der Unbefleckten Empfängniskirche von Mijas.

San Juan Kirche. Coín.

Turm der Stadtmauer von Mijas.

Tour Nr. 2 | Westliche Costa del Sol

Sicht auf das Tal von Tolox.

Max, ein Miniaturmuseum, verfügt es über Bauwerke und Stätten größeren Interesses. Darunter sind erwähnenswert die Klause **Ermita de la Virgen de la Peña**, die im 16. Jh. in den Felsen hineingebaut wurde; das Volksmuseum —**Museo de Costumbres Populares**—, das sich im ehemaligen Gemeindegebäude befindet, und der kleine irreguläre **Plaza de Toros**. Die Kirche **Iglesia de la Inmaculada Concepción** über einer ehemaligen Moschee zu Beginn des 16. Jhs. erbaut, verfügt über einen Glockenturm im Mudéjarstil. Daneben, dort wo die maurische Festung stand, bieten die Gärten an der Mauer einen der schönsten Aussichten auf die Küste.

Kurbad Fuente Amargosa in Tolox.

Arabische Stadtmauer in Marbella.

Von dieser Stelle aus möchten wir einen Ausflug nach Tolox empfehlen. Dazu müssen wir die Straße der Sierra von Mijas entlang bis **Alhaurín el Grande** fahren, wo die reichen Bürger Málagas im 19. Jh. ihre Erholungsvillen bauten. Nun folgen wir der Straße nach Ronda und fahren 7 km zwischen Gemüse- und Obstgärten, Getreidefeldern und Olivenhainen, um dann in **Coín**, dem maurischen *Al-Cohine* stehenzubleiben. Einer der Türme ihrer Festung diente im 16. Jh. dem Bau des Glockenturms der Kirche **Iglesia de San Juan**, die zum Wohlfahrtshospital gehörte.

20 km von Coín, nach einer Abzweigung, erscheint nach einer Kurve vor unseren Augen die wunderschöne Aussicht auf **Tolox**, das sich über einem Hang der Sierra gleichen Namens ausbreitet, die auch ein Teil des Naturparks der Sierra de las Nieves →93 ist. Dieser Ort, gleich wie Mijas, stand während der Rebellion von Omar ibn Hafsún →98 auf seiner Seite. Über der maurischen Burg wurde im 16. Jh. die Kirche **Iglesia de San Miguel** errichtet. Es existiert ein Museum das im Fremdenverkehrsbüro untergebracht ist, aber das Interessanteste an Tolox ist das Viertel **barrio de la Rinconada del Castillo**, ein schwindelerregendes Labyrinth aus Gassen und Steigungen, Passagen und Übergängen, die in manchen Fällen den Zugang zu Wohnungen darstellen. Ganz in der Nähe des Dorfes, neben dem Schotterweg der in den Naturpark führt, liegt das Heilbad **Fuente Amargosa** aus dem 19. Jh.

56 km von der Hauptstadt entfernt, von den Nordwinden durch die Sierra Blanca geschützt, liegt **Marbella** →46, das sich seit Jahrhunderten einer blühenden, auf die Fischerei, die Landwirtschaft und Eisenindustrie gestützten Wirtschaft erfreut, während das Nachbardorf Ojén das Eisenerz lieferte. Heute ist es eines der wichtigsten Fremdenverkehrszentren Europas. Die Entwicklung begann in den 60ziger Jahren und der Ort verwandelte sich bald in eine Stätte der Erholung und Residenz der *Jet-set*, eines internationalen Fremdenverkehrs, der sich hauptsächlich aus Aristokraten, Schauspielern, Sängern und Politikern zusammensetzt. Den

Mutter Gottes der Inkarnation.

Anforderungen dieses Publikums angepaßt, ist hier die Stadtplanung bedeutend glücklicher ausgefallen als in vielen anderen Zentren der Costa del Sol. Auf der 25 km langen Küste von Marbella haben die Luxusurbanisationen die Landschaft nicht verdorben sondern sich vielmehr, umgeben von weiten Grünzonen, integriert. Mehr als zehn Golfplätzen und drei Sporthäfen —Club Marítimo, Cabopino, Puerto Banús, außer dem Fischereihafen— zeugen von der geschaffenen Infrastruktur, um den Anforderungen von Millionären und Berühmtheiten gerecht zu werden.

Die besondere Entwicklung des Fremdenverkehrs in Marbella ist auch ihrer Altstadt zugute gekommen in der, abgesehen von den **Ruinen der maurischen Burg** und einigen **Teilen der Stadtmauer**, die traditionellen engen Gassen und weiß getünchten Häuser der Araber weiterbestehen, die nun in vielen Fällen als Geschäftsräume und Läden genützt werden.

Im Zentrum wurde nach der Eroberung durch die Christen der **Plaza de los Naranjos** angelegt, heute ein Platz mit Gärten, Terrassen, Restaurants und Bars. Außer seinem Renaissancebrunnen stechen drei Gebäude auf diesem Platz hervor: das **Gemeindegebäude** aus dem 16. Jh. mit einem Mudéjarportal und einer interessanten Decke im Sitzungssaal; das Haus **Casa del Corregidor**, aus dem 17.Jh., mit seiner Fassade aus Stein, einem Balkon im oberen Teil und einem Bogen unter dem Dach; und die Klause **Ermita de Santiago**, aus dem 15. Jh. obwohl weitgehend reformiert. In der Nähe, auf dem kleinen Platz der Kirche, gegenüber einem der **Türme der muslimischen Festung**, erhebt sich die Kirche **Iglesia de la Encarnación**, im 18. Jh. über einer älteren Pfarrkirche errichtet. Ihr barockes Portal aus rotem Gestein führt, unter einem vielpässigen Bogen, ins dreischiffige Innere. Der Hochaltar beherbergt das Ebenbild des hl. Bernabé, Schutzpatron der Stadt. Sie verfügt außerdem über eine bedeutende Orgel.

Bei unserem Spaziergang dürfen wir nicht versäumen einen Blick auf die calle de la Virgen de los Dolores Straße zu werfen. In einer Ecke, über einem Balkon mit Blumen, befindet sich eine Mauernische mit dem Bildnis der Dolorosa. Ebenfalls sehenswert ist das Renaissance-**Hospital del Bazán**, in der calle del Viento Straße, in dem das **Mueseum der zeitgenössischen Gravierkunst Spaniens** untergebracht ist, mit Werken von hervorragenden Künstlern wie Picasso, Miró, Dalí, Tapies oder Chillida. Zuletzt können wir in der calle de la Misericordia Straße noch das **Hospital de San Juan de Dios** bewundern, das im 16. Jh. gegründet wurde.

Marbella verfügt auch über schöne Parkanlagen. Der Altstadt gegenüber liegt der traditionelle **Parque de la Alameda**, ein kleiner botanischer Garten über den man die Meerespromenade erreicht wenn man die Avenida del Mar hinunter geht, modern angelegt und mit Kopien von Skulpturen Dalis. Der **Parque de la Constitución** setzt sich aus wunderschö-

Orangenplatz, Marbella.

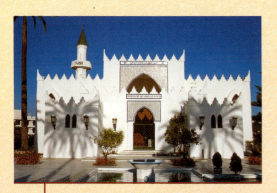

Außenansicht der Moschee von Marbella.

Innenansicht der Moschee von Marbella.

nen Gärten und einem Freilichttheater zusammen. Der modernste von allen ist der **Parque Arroyo de la Represa**, in dem sich das **Museo del Bonsai** befindet und in dem man eine sehr umfassende Kollektion von Miniaturbäumen bewundern kann.

An der Straße zwischen Marbella und Estepona finden wir die moderne Moschee des Königs **Abdul Aziz al-Saud**, ein Werk von Juan Mora. Diese Strecke, unter dem Namen Goldene Meile, bzw. *milla de oro* bekannt, führt an Luxusurbanisationen vorbei wie Marbella Club, Puente Romano oder Nueva Andalucía. Unter diesen muß **Puerto Banús** hervorgehoben werden, auf einer Distanz von 6 km vom Stadtzentrum. Der Sporthafen wurde in den 70ziger Jahren vom Millionär José Banús geschaffen und an seinen über 900 Anlegestellen ankern viele der größten Luxusjachten der Welt.

Der zum Gemeindegiebt von Marbella gehörende Ort SAN PEDRO DE ALCÁNTARA befindet sich auf einer Distanz von 11 km und wurde vom Markgrafen von Duero 1860 als Landwirtschaftskolonie gegründet, in Verbindung mit den Zuckerplantagen und der Zuckerherstellung. Außer den Resten einer Basilika in Río Verde 346, sind in der Nähe des Strandes von Guadalmina die Ruinen eines römischen Bauwerkes aus dem 3. Jh. erhalten geblieben, bekannt unter dem Namen **Las Bóvedas**. Das achteckige Gebäude ist rund um einen Patio mit Teich angelegt, der möglicherweise ein Thermalbad darstellte.

Am westlichen Ende der Costa del Sol, 83 km von Málaga entfernt liegt ESTEPONA ein seit jeher traditionelles, von der Sierra Bermeja geschütztes Fischerdorf. Zu seinem bedeutenden Fischereihafen sind zwei Sporthäfen dazugekommen, einer direkt im Ort und der andere, Puerto Duquesa, nach dem nahe gelegenem San Luis de Sabinillas. An seiner Küste entlang stehen sieben Wachttürme bzw. **Torres Vigías** die, zusammen mit den drei Türmen der Costa de Casares und Manilva, und dem **Castillo de la Duquesa** —von Karl III. errichtet, von dem auch der Strand seinen

Namen erhielt—, bilden einen Teil des Wachtturmgürtels ↷12 der die Küste vor afrikanischer und europäischer Piraterei schützte. Von der Altstadt Esteponas soll die Kirche **Iglesia de Nuestra Señora de los Remedios** erwähnt werden, die im 18. Jh. als Teil eines ehemaligen Franziskanerklosters errichtet wurde. Ihre Fassade vereint barocke Spuren mit Elementen hispano-amerikanischen Ursprungs. In ihrer Nähe befindet sich der Urturm **Torre del Reloj**, der von einer Pfarrkirche des 15. Jhs. stammt, sowie der freundliche **Plaza de las Flores**. Der Strand Playa de la Rada mit seiner Strandpromenade und der Parque Selwo, für Foto-Safaris, müssen zu seinen vielfältigen Attraktionen gezählt werden.

Wir beenden unsere Tour in **Casares**, das auf einer Erhebung zu Füßen der Sierra Crestellina, auf einer Distanz von 22 km von Estepona, liegt.

Strand Puerto Banús.

1978 zum kunsthistorischen Ort erklärt, verstreut das Dorf seine weißen Häuser über einen 400 m hohen Felsen, von dem man sogar Gibraltar ausmachen kann. Er wird von den Ruinen einer **arabischen Burg** gekrönt und in seinem Inneren sieht man die Ruinen der ehemaligen Kirche **Iglesia de la Encarnación** mit ihrem Mudéjarturm aus dem 16. Jh., die dann im Bürgerkrieg zerstört wurde. Obwohl die römische Präsenz Spuren wie die nahen Bäder **Baños de la Hedionda** hinterlassen hat, wo der Legende nach Julius Cäsar seine Wunden heilte, so sind im heutigen Zentrum die verworrenen maurischen Gassen und Straßen erhalten geblieben. Hier befand sich einer der bedeutendsten Herde der Moriskenrebellion des Jahres 1570 und hier erblickte im Jahr 1885 **Blas Infante** ↷92, Vater der andalusischen Nationalbewegung das Licht der Welt. Sein **Geburtshaus** kann man in der calle de la Carrera Straße besuchen. Auf dem Plaza de España steht die Kirch **Iglesia de San Sebastián**, aus dem 17. Jh., und der Brunnen **Fuente de Carlos III**., aus dem 18. Jh.

Sporthafen Puerto Banús.

Römischer Wachtturm, bekannt als Torre de la Sal bzw. Salzturm, in Casares.

Tour Nr. 2 | Westliche Costa del Sol

Phönizische Stadt

Phönizische Stadt an der Mündung des Río Vélez

Torre del Mar

Auch wenn die Mündung heute von Anschwemmungen des Flusses angefüllt wurde, so stellte sie im Altertum eine breite Bucht dar, die sich zwischen den Hügeln Cerros del Peñón und Cerros del Mar zum Meer hin öffnete. In diesem Gebiet wurden verschiedene semitische Zentren ausfindig gemacht, die hier ohne Zweifel Vorteile für die Gründung einer Niederlassung sahen: ein sicherer Ankerplatz für ihre Schiffe, neben Erhöhungen die sich gut zur Verteidigung und Überwachung eigneten; die Nutzung des Flusses für die Versorgung mit Süßwasser und die nahen Täler für Landwirtschaft und Viehzucht und, ebenfalls sehr wichtig, die Verbindung mit dem Flachland von Granada über das Tal von Vélez und dem Zafarraya Paß.

Die wichtigste und am ausführlichsten analysierte Niederlassung liegt auf dem Hügel **Toscanos**, auf dem rechten Flußufer. Sie existierte ungefähr zwischen den Jahren 750 und 550 v. Chr., obwohl man auch eine frühere Ansiedlung festgestellt hat, sowie eine neuerliche Niederlassung in Zeiten der Römer. Auf einer Oberfläche, die von einem Graben in Form eines "V" und einer Mauer aus Bruchstein umgeben war —die im 1. Jh. n.Chr. von einer großen Mauer aus Quadersteinen verstärkt war— hat man kleine Wohnhäuser aus Lehmstein auf Steinsockeln gefunden die enge Gassen bildeten, sowie Keramiköfen und ein großes Steinlager, bestehend aus drei Hallen und möglicherweise zwei Stockwerken. Am Fuße des Hanges, neben der Bucht und von Schlamm bedeckt, kam eine Plattform aus Stein zu Tage, mit Keramikteilen phönizischer, griechischer und etruskischer Herkunft, wodurch die wichtige kommerzielle Rolle der Faktorei von Toscanos bestätigt wird. Ihre Einwohnerzahl wurde auf 1.000 bis 1.500 Einwohner geschätzt. Es könnte sich um die Kolonie von *Mainake* handeln, die von den klassischen griechischen Quellen als griechische Niederlassung erwähnt wird.

Der Aufschwung dieser Niederlassung führte zur Gründung zwei weiterer Zentren. Auf dem Nachbarhügel **Cerro del Peñón** hat man Keramikreste und Schlackenreste gefunden, die auf eine mögliche Eisenindustrie hinweisen und vielleicht auch auf eine Nekropole. Etwas weiter landeinwärts, auf dem Hügel **Cerro de Alarcón**, hat man ein rechteckiges Gebäude aus Kalkstein lokalisiert, das mit Tonerde verputzt und mit Lehm vervollständigt wurde, bei dem es sich um eine Festung handeln könnte. Außerdem ist eine enorme 4 m dicke Mauer zum Vorschein gekommen, die scheinbar mit dem Hügel Cerro del Peñón verbunden war. Obwohl erst der zukünftige archäologische Park weitere Ausgrabungen und Nutzungen dieser Zone erlauben wird, so hat man bereits jetzt drei Grabstätten in dieser Zone identifiziert. Auf dem Hügel **Cerro del Mar**, auf 300 m Distanz vom linken Ufer des Veleza, erschienen über 30 Gräber aus dem 7. Jh. v.Chr. Man hat ebenfalls 3 Bevölkerungsphasen aus den 4. bis 1. Jh. v.Chr. entdeckt. In der Nähe dieses Ortes, in dem sogenannten Haus **Casa de la Viña**, wurden im 18. Jh. verschiedene Alabastervasen gefunden. Aus einem späterem Zeitpunkt stammt die **Necrópolis del Jardín**, im Norden von Toscanos, die zwischen den 6. u. 4. Jh. v. Chr. verwendet wurde. Hier befinden sich über 100 Grüften drei verschiedener Typen: in das Schiefergestein des Hügel gehauen, Urnen aus Sandstein und Sarkophage aus Schieferstein und mit Quadersteinen bedeckt. Nachdem Toscanos verlassen wurde, haben Punier den Ort bis ins 2. Jh. v.Chr. weiter benützt.

Römisches Herrschaftshaus

Römisches Herrschaftshaus
Caviclum

Torrox-Costa

In diesem Küstenort, neben dem Leuchtturm und in der Nähe des Flußes Torrox, existiert eine bedeutende römische Fundstätte aus dem 1. bis 4. Jh.n.Chr., zu dem eine Villa gehört, eine Herstellungstätte für gepökelten Fisch, Thermen, ein Ofen und eine große Grabstätte. Dieser Komplex entspricht wahrscheinlich dem *Mansio Caviclum* das im *Itinerario de Antonino* erwähnt wird. Die **Villa**, ein Mischtyp zwischen dem städtischen und dem ländlichen Modell, bestand aus einer einzigen Etage mit nördlich ausgerichteter Hauptfassade und lag an einer Straße. Die Wohnräume waren rund um ein Peristylium angeordnet, dessen Galerie von vier Pfeilern gestützt wurde und in dessen Zentrum sich ein Sammelbrunnen bzw. *impluvium* befand. Die plumpen Mauern und Pfeiler wurden aus Buchstein hergestellt, ausgenommen die Fassade und Türrahmen, bei welchen man Ziegelsteine und plumpe Quadersteine verwendete. Die Mauern und der Sammelbrunnnen wurden verputzt und mit linearer Dekoration versehen, während die Böden mit Mosaiken verschiedener Entwürfe und Qualitäten bedeckt wurden. Die Wohnräume im östlichen Teil der Villa, in der Nähe der Salzbecken, und weitere die man in der Umgebung entdeckt hat, gehörten wahrscheinlich zu den Wohnräumen oder Lagerhäusern der **Herstellungsstätte von gepökeltem Fisch**. Man hat verschiedene Becken freigelegt die in der römischen Bauweise *opus signinum* hergestellt sind, einen ausgelegten Boden der wahrscheinlich als Trockenstelle verwendet wurde, sowie einen Mauerteil mit Strebepfeilern, der wahrscheinlich als Anlegestelle in der Bucht diente, die heute nicht mehr vorhanden ist.

200 m landeinwärts, in der Nähe eines Ferienlagers, befinden sich die Reste einer kleinen aber gut ausgestatteten **Therme**. Im unteren, einen Meter hohen, aus ziegelsteinernen Bögen gebildeten Teil, befand sich wahrscheinlich der Ofen zum Erhitzen des Wassers sowie die Leitungen und tönerne Rohre die das Wasser in den heißen Saal beförderten. Im Obergeschoß sind vier Räume für heiße, lauwarme und kalte Dampfbäder angelegt. In den letzteren drei erkennt man noch Reste der Sitzbänke und Stuck an den Wänden. Weitere drei Räume verschiedener Größen dienten als Garderobe, Massageraum, zur Entspannung oder Gymnastik. Man hat weder die Palästra noch die Zone zur Konversation ausfindig gemacht, entweder weil sie verschwunden sind oder weil sie in dieser Therme nicht existierten.

Auf 200 m Distanz vom Leuchtturm —jetzt auf der Meerespromenade— und eine Depression des Geländes anützend, hat man ein rundes Bauwerk errichtet, das als **Töpfereiofen** ausgelegt wurde. Von einer Galerie mit Tonnengewölbe gehen auf jeder Seite drei enge, durch Mauern getrennte, Gänge aus. Zuletzt, die spätrömische **Nekropole**, die sich westlich des Leuchtturms ausdehnt und 10 ha, dicht mit Gräbern belegtes, Land umfaßt. Das heißt, der Friedhof diente einer nahen Ansiedlung von gewisser Bedeutung, wie es auch die vorhandenen Bäder bezeugen. Die dem Leuchtturm naheliegenden Gräber wurden aus Bruchstein über festen Boden erbaut, während man in der mittleren Zone, sandig und größer, die meisten Gräber mit Dachziegeln bedeckte die vielleicht im erwähnten Ofen gebrannt wurden. In den Gräbern wurden auch kleine Grabbeigaben gefunden. Die Verbrennungen, hauptsächlich in Haushaltsgefäßen aufbewahrt, weisen keine Beigaben auf.

Málaga

Tour Nr. 3 | Die Axarquía Region

Ein Ausflug zur östlichen Costa del Sol

Von den Sierras Alhama und Tejeda —in der sich der Gipfel La Maroma →60 erhebt— sowie von der Sierra de Almijara beschützt, breitet sich die Axarquía Region über den ganzen östlichen Teil der Provinz Málagas aus. Ihre Berge und Hügel sind übersät mit Mandelbäumen, Weinstöcken und Olivenhainen, und in ihren fruchtbaren Tälern wird Gemüse gezogen, stehen Obstbäume und gedeihen subtropische Früchte wie Avocados, Mangos und Kiwis. Die Region gehört zur östlichen Costa del Sol, und jener der Hauptstadt am nächsten stehende Ort, lediglich 12 km entfernt, ist **Rincón de la Victoria**, das ehemalige *Bezmiliana* der Mauren, das von El Idrisi im 12. Jh. erwähnt wird. In diesem Ort wurde von Karl III. in der Mitte des 18. Jhs. zum Schutz gegen die Piraten der Bau der Festung **Casa Fuerte de Bezmiliana** angeordnet. Heute dient das Bauwerk kulturellen Zwecken. Sehr interessant ist die Schatzhöhle **Cueva del Tesoro** oder auch **Higuerón** Höhle genannt, die sich an der Grenze zum nachbarlichen Ort Cala del Moral befindet. In dieser ehemaligen Meereshöhle hat man Wandmalereien und andere vorgeschichtliche Reste gefunden; der populäre Name stammt vom angeblichen Schatz, der nach der Legende von fünf maurischen Königen stammt, die ihn in der Höhle versteckt hatten.

Leuchtturm der Strandpromenade in Torre del Mar.

Bezmiliana-Brunnen.

Den nächsten Halt machen wir in **Torre del Mar**, das zum Gemeindegebiet von Vélez-Málaga →63 gehört. In der Nähe dieses Küstenorts, im Mündungsgebiet des Vélez, befinden sich einige bedeutende phönizische Niederlassungen die man mit *Mainake* →58 identifiziert hat. Der traditionelle Zuckerrohranbau des Flachlandes hatte seine Blütezeit im 19. Jh., als die Familie Larios eine Zuckerfabrik installierte. Torre del Mar verfügt heute über eine schöne Meerespromenade die sich über 3 km erstreckt.

4 km von der Küste entfernt liegt **VÉLEZ-MÁLAGA**, die Hauptstadt der Axarquía Region mit über 50.000 Einwohnern. Das ehemalige *Ballix-Malaca bzw. Tal Málagas*, war ein bedeutender maurischer Ort, dessen Eroberung durch die Christen im Jahr 1487 äußerst wichtig für den endgültigen Vorstoß auf das Nasridenreich Granadas war. Von seiner **Alcazaba**, im 13. Jh. auf einem Hügel erbaut, sind noch der Hauptturm, heute restauriert, und einige Mauerteile erhalten geblieben. Zu seinen Füßen erkennt man im Viertel **barrio de la Villa** noch den maurischen Charakter der Gassen. Bis heute sind noch zwei Eingänge an der alten Mauer erhalten geblieben, das Tor **Puerta de Antequera** und das Tor **Puerta Real**. Durch das letztgenannte zogen die Katholischen Könige nach der Kapitulation ein, und neben dem Turm befindet sich eine der drei Straßenkapellen der Stadt, die in diesem Fall der Jungfrau der Schutzlosen geweiht ist. In diesem Viertel wurde über der ehemaligen Moschee im 16. Jh. die Kirche **Iglesia de Santa María de la Encarnación** erbaut, im gotisch-mudéjar Stil, wie aus dem die Schiffe trennenden Spitzbögen hervorgeht und der wertvollen Decke im Mudéjarstil. Ebenfalls aus dieser Zeit stammt der Altaraufsatz des Hauptaltars, an dem die Statue des **Cristo de los Vigías** hervorsticht. Auf einer der Seiten der Kirche befindet sich eine Galerie mit überhöhten Bogen, die einen breiten Panoramablick auf die Stadt bietet. Wie auch in der Kirche **Iglesia de San Juan Bautista** auf dem Plaza de la Constitución, wird der Turm von einem mit Keramik dekoriertem Helm abgeschlossen. Am Beginn der calle de las Tiendas Straße wurde 1758 der Brunnen **Fuente de Fernando VI.**, aus Marmor und mit Schildern und Tiermotiven dekoriert, errichtet.

Auf dem Plaza de la Gloria steht der **Palacio de los marqueses de Beniel**, ein Gebäude im Mudéjar Stil mit Renaissanceelementen, von dem die wunderschöne Decke der Haupttreppe erwähnt werden muß. Heute ist hier, unter anderen, die Stiftung María Zambrano untergebracht, eine in dieser Stadt geborene eminente Denkerin. Ein bedeutendes Herrschaftshaus ist gleichfalls das Gebäude **Casa de Cervantes**, in der San Francisco Straße, wo sich anscheinend der berühmte Schriftsteller aufhielt als er sich damit beschäftigte Steuern einzutreiben. In Vélez-Málaga existieren außerdem zahlreiche religiöse Institutionen. Im Kloster **Convento de las Carmelitas** befinden sich hervorragende Fresken der granadinischen Schule des 18. Jhs. als Dekoration der Kirche. Ebenfalls barock ist die Dekoration der Kirche des Klosters **Convento de San Francisco**, auch wenn hier ein Mudéjar Kreuzgang erhalten geblieben ist. Ein weiterer Mudéjar Kreuzgang ist jener des **Hospital de San Marcos bzw. San Juan de Dios**, das von den Katholischen Königen gegründet wurde.

Das Viertel Barrio de la Villa in Vélez-Málaga.

Zuletzt können wir in der Kirche des Klosters **Convento de las Claras** eine Rockoko Altarkapelle sehen. Die Kapelle **Santuario de la Virgen de los Remedios**, der Schutzheiligen der Stadt geweiht, steht auf einem nahen Hügel Cerro de San Cristóbal genannt.

Östlich von Vélez-Málaga können wir Algarrobo und Torrox besuchen, zwei schöne Dörfer im Inland, deren weiß getünchten und mit Blumen geschmückten Häuser in beiden Fällen über einen Hang verstreut angelegt sind und so unzweifelbar ein Stadtbild maurischer Herkunft aufweisen. In ihren steilen, stufigen und im Zickzack angelegten engen Gassen können wir attraktive Ecken und wunderschöne Panoramablicke entdecken. Beide Gemeinden verfügen auch über einen Stadtteil an der Küste und man hat hier bedeutende archäologische Funde gemacht. Vom Dorf **ALGARROBO** muß die Kirche **Iglesia de Santa Ana** erwähnt werden, mit Holzdecke und einer *Unbefleckten Maria* aus dem 18. Jh., sowie die Klause **Ermita de San Sebastián**, von der man das Dorf überblickt. Wenn man danach der Straße zur Calete de Vélez Bucht fährt, findet man auf der linken Seite des Algarrobo Flusses die Ausgrabungen **Morro de Mezquitilla**, wahrscheinlich die älteste Niederlassung der Phönizier auf der Halbinsel, denn sie wurde um das Jahr 800 v.Chr. über einer früheren Niederlassung der Bronzezeit erbaut. Hier widmete man sich einer frühzeitigen Eisenindustrie und die Wohnbauten dieser Niederlassung wurden aus Lehmstein erbaut und mit Gipsmörtel verputzt. Auf der anderen Seite des Flusses befindet sich die **Nekropole von Trayamar**, aus dem 7. Jh. v.Chr.. Sie kann gegenwärtig besucht werden und der Zugang ist an der Straße angezeigt. Es ist eine der fünf dokumentierten großen unterirdischen Kapellen erhalten geblieben. Die Grabkammern entsprachen perfekt der orientalischen Tradition, mit Zugangsrampe und holzverstrebtem Satteldach. Auf der Küste kann man dann zwei der vielen Wachttürme betrachten; wobei der **Torre Nueva** aus dem 16. Jh. stammt und der **Torre Ladeada** auf die maurische Periode zurückgeht.

Nekropole von Trayamar.

Gässchen in Frigiliana.

Europabalkon. Nerja.

Im Ort von Torrox-Costa findet man bedeutende **römische Ausgrabungsstätten** die wahrscheinlich zur Niederlassung *Caviclum* →60 gehören. Das Dorf **Torrox**, das in maurischen Zeiten eine blühende Seidenindustrie betrieb und sich gegenwärtig dem Anbau subtropischer Früchte in den Treibhäusern seiner Täler widmet, versteckt unter seinen weißen Häusern einige der Türme die ehemals ein Teil der maurischen Stadtmauer waren. Hervorzuheben sind ebenfalls die drei Gotteshäuser. Die **Klause** und das Kloster **Convento de la Virgen de las Nieves**, aus dem 16. Jh., außerhalb der Stadtmauern von den Mönchen des Franziskanerklosters gegründet, wird gegenwärtig zu einem Parador de Turismo umgebaut.

Das Interessanteste ist der Mudéjarbaustiel der Klause. An der Kirche **Iglesia de la Encarnación**, im 16. Jh. über einer Moschee erbaut und Mitte des 17. Jhs. im Barockstil reformiert, hebt sich der helmartig abgeschlossene Glockenturm mit seinen Türmchen ab. In der Mitte des Dorfes zeigt die im 16. Jh. erbaute und gegenwärtig geschlossene Kirche **Iglesia de San Roque**, eine hübsche, rot-weiß gestrichene Fassade. Es soll noch hinzugefügt werden, dass in Torrox noch das Zoll- und Münzprägehaus bzw. **Aduana und Casa de la Moneda**, als Zeugen der wirtschaftlichen Blüte dieses Ortes im 18. Jh. erhalten geblieben sind.

Bevor wir nach Nerja fahren, dürfen wir es nicht unterlassen einen Abstecher zu machen und das 6 km weiter nördlich gelegene **Frigiliana**

Acueducto del Águila (Aquädukt des Adlers) in der Umgebung von Nerja.

Höhlen von Nerja.

zu besuchen. Auf 400 m Höhe, an einem der südlichen Ausläufern der Sierra de Almijara, hat dieses wunderschöne Dorf, das den Landespreis der Verschönerung besitzt, seine steilen und gewundenen Gassen und Straßen aus der Zeit der Morisken beibehalten. Die Bewohner des Dorfes scheuen keine Mühe, um ihre Häuser mustergültig getüncht und mit Blumen geschmückt in Stande zu halten. Die Geschichte Frigilianas geht weit in die Vergangenheit zurück, wie es durch die phönizische Nekropole des Hügels Cerro de las Sombras bezeugt wird. Der Name des Ortes ist römischen Ursprungs und bezieht sich auf eine unbekannte Persönlichkeit Namens *Frexinius*, was mit der Nachsilbe *ana* bedeutet, dass er der Herr dieses Dorfes war. Von der maurischen Burg sind kaum einige Reste auf dem höchsten Punkt erhalten geblieben. Aber die bedeutendste Periode, die auf Wandbildern aus Keramik an verschiedenen Fassaden dargestellt wird, war die Rebellion der Morisken im Jahr 1569, die in diesem Dorf von Hernando del Darra angeführt wurde. Nach der blutigen Schlacht vom Peñón de Frigiliana wurden die überlebenden Morisken deportiert oder als Sklaven behandelt und es begann die Ansiedlung mit alten Christen. Als einzigartige Gebäude dieses Ortes müssen der ehemalige königliche Getreidespeicher bzw. **Pósito** genannt werden, das Haus **Casa de los Manrique de Lara**, Grafen von Frigiliana, ein Gebäude aus dem 16. Jh. und später in eine Zuckerfabrik umgebaut, sowie die Kirche **Iglesia de San Antonio** aus dem 17. Jh..

Am äußersten Ende der Küste von Málaga, 52 km von der Hauptstadt entfernt, liegt **Nerja**, heute das wichtigste Tourismuszentrum der westlichen Costa del Sol, was aber nicht die Zerstörung seines traditionellen Städtebildes bedeutet hat, wie es bei vielen anderen Küstenorten der Fall ist. Aber das Wertvollste dieses Ortes ist seine Lage, dort wo die Ausläufer der Sierra de Almijara bis ans Meer reichen und eine wunderschöne Steilküste mit kleinen Buchten bilden. Einen ausgezeichneten Panoramablick verschafft uns der zentral gelegene **Balcón de Europa**, ein breiter, auf einem Felsvorsprung errichteter Aussichtspunkt, der die Strände von Burriana und Calahonda trennt. Auf diesem steil abfallenden Felsen existierte eine arabische Festung die zum maurischen *Narija* gehörte, das im

Konzert in den Höhlen von Nerja.

ganzen Mittelmeerraum für seine Stoffe und Seidentücher bekannt war. Neben dem Europabalkon errichtet sich die Kirche **Iglesia del Savador**, ein barockes Gebäude aus dem 17. Jh. mit einer Decke im Mudéjarstil. Ebenfalls interessante Ausblicke bietet uns die Promenade **Paseo de los Carabineros**, die zwischen den Felsen der Küste von Calahonda bis zum Carabeillo Strand verläuft. Neben der alten Straße steht die Klause Ermita de las Angustias, Schutzherrin der Stadt, mit einem barocken Gewölbe der granadinischen Schule.

4 km von Nerja liegt **Maro**, das römische *Detunda*, in dem eine kleine Kirche aus dem 17. Jh. erhalten geblieben ist, die **Iglesia de las Maravillas**. Der Ort ist durch seine Küstenlandschaft bekannt, die zum Naturpark **Paraje Natural de los Acantilados de Maro-Cerro Gordo** erklärt wurde. Von Nerja nach Maro können wir auf der linken Seite der Straße das **Acueducto del Águila** sehen, das im 19. Jh. erbaut wurde, um Wasser zu den Herstellungsstätten der Zuckeraufbereitung zu leiten, die Nerja in eine blühende Stadt verwandelten, die aber mit der Kompetenz des Zucker der Karibe wieder verschwanden. In der Nähe von Maro wurden von Kindern des Dorfes im Jahr 1957 die heute weltweit bekannten Höhlen **Cuevas de Nerja** entdeckt. Bei der Erforschung der bereits seit 20.000 Jahren bewohnten und bis ins Bronzezeitalter benutzten Höhlen wurden Wandmalereien mit Tiermotiven und menschenähnlichen Formen, sowie Werkzeuge aus Silex und menschliche Skelette mit Grabbeigaben entdeckt. Auch wenn der Zugang für das Publikum eingeschränkt ist, so wird man von der überwältigenden Architektur der Natur mit ihren Säulen, Vorhängen, Tropfsteinen und Dolomiten, die im Laufe der Jahrtausende durch die Kraft des Wassers gebildet wurden, beeindruckt sein. Jedes Jahr findet in einer der größten Höhlen, im Kaskadensaal, das *Internationale Musik- und Tanzfestival* statt.

Auf den Bergen der Axarquía Region

Wir verlassen Vélez-Málaga und fahren ins Inland, um die sogenannte Tour *Ruta del Mudéjar* zu machen, bei der wir auf einer Strecke von 40 km fünf Dörfer besuchen, deren Kirchen nach der Eroberung durch die Christen im genannten Baustil errichtet wurden und wobei man die Minarette der Moscheen in Glockentürme umwandelte. Sowohl **Arenas** wie auch der Unterbezirk **Daimalos** und das nahe Dorf **Corumbela** —dieses gehört zur Gemeinde von Sayalonga— haben die Minaretten-Glockentürme beibehalten. Ein 3 km langer Weg führt uns von Arenas zu den Ruinen der Burg **Castillo de Bentomiz**, ein wichtiger Wehrbau der Region zu Zeiten der Mauren, obwohl die bereits vorher existierenden Niederlassungen bis zu den Iberer zurückgehen könnten.

Von Árchez ab führt die Tour unter den Gipfeln der Sierra de Tejeda weiter. Die Kirche **Iglesia de la Encarnación** von **Árchez** verfügt über eines der schönsten Minarette dieser Region. Die Ziegelsteine bilden auf jeder seiner Seiten Teile mit *sebka* Schlingen an denen noch Spuren von mehreren Farben vorhanden sind. Über einem Keramikband wird der obere Teil

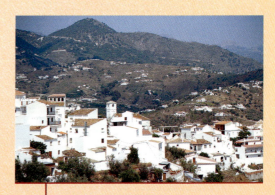

Corumbela.

Málaga — Tour Nr. 3 | Die Axarquía Region

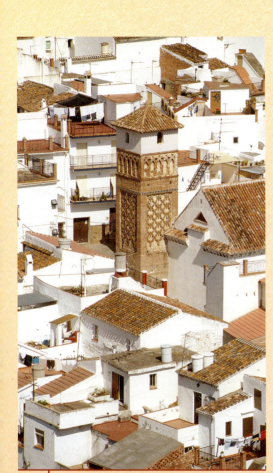

Sicht auf Árchez mit Kirchturm, ehemaliges Minarett, der Inkarnation Kirche.

mit zugemauerten, ineinander verschlungenen Bogen verschönert. Diese gleiche *sebka* Dekoration finden wir wiederum am Turm der Kirche **Iglesia de Santa Ana** von **SALARES**, ein Minarett aus dem 13. Jh. dem noch ein Oberteil für die Glocken angebaut wurde, das hier aber größer ist als bei der vorher genannten; in einem Nachbargebäude der Kirche ist ebenfalls ein Fragment der Mauer enthalten. In **SEDELLA** finden sich kaum noch Reste der maurischen Festung und der Kirchturm der **Iglesia de San Andrés**, vom Aufbau und einem achteckigen Dach abgeschlossen, ist es ein Gebäude aus dem 16. Jh. Der Turm des nachbarlichen Gebäudes **Casa del Torreón** ist mit seinen Doppelbogen im Mudéjarstil erbaut. Zuletzt, im Dorf **CANILLAS DEL ACEITUNO**, das auch eine Burg hatte, steht neben der Gemeinde ein Mudéjarturm der als **Torre de la Reina Mora** bekannt ist. Beim Glockenturm der Kirche **Iglesia del Rosario**, im gotischen Mudéjarstil, wiederholt sich das Schema der Pfarrkirche von Sedella. Von diesem Dorf aus führt ein Weg bis zum Gipfel La Maroma, der mit seinen 2.065 m der höchste Berg der Provinz Málagas ist.

Daimalos.

Wir dürfen diese Tour nicht beenden, ohne den Besuch von drei interessanten Dörfern der sogenannten Wein- und Sonnentour, bzw. *Ruta del Vino y del Sol* zu empfehlen, ein traditionelles Weinbaugebiet und bekannt für seine Rosienenproduktion. Es sollen hier auch weitere drei Dörfer dieser Tour erwähnt werden, jene die der Küste am nächsten liegen —Algarrobo, Torrox und Frigiliana—, die auch ein Teil der im vorherigen Kapitel →64→66 beschriebenen Tour sind. Gleichfalls muß hervorgehoben werden, dass sowohl Árchez als auch Sedella traditionell mit dem Weinbau verbunden sind, der **CÓMPETA** berühmt gemacht hat und wo jedes Jahr

Salares.

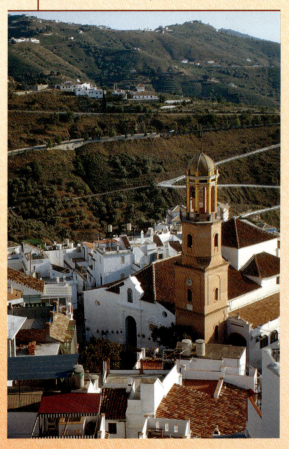

Panormablick auf Cómpeta mit dem Turm im neumudejar-Stil der Himmelfahrtskirche.

im August ein Fest gefeiert wird, das unter dem Namen *Nacht des Weines* bekannt ist. Abgesehen davon ist Competa aber auch ein wunderschönes Dorf der Sierra. Auf dem Almijara Platz erhebt sich die Kirche **Iglesia de la Asunción**, die im 16. Jh. erbaut und nach dem Erdbeben von 1884 reformiert wurde, das der Region, zusammen mit der Reblausplage viel Schaden zufügte. Der Turm im neumudéjar Stil, von einer Kuppel abgeschlossen, erhebt sich stolz über das Gebäude. Wenn man das Dorf über die Avenida Torrox verläßt, kann man die dem Schutzheiligen des Ortes geweihte Klause **Ermita de San Sebastián** aus dem 18. Jh. betrachten und eine attraktive Aussicht über Competa genießen.

4 km. nordwärts von Cómpeta liegt **CANILLAS DE LA ALBAIDA**, bereits in der Sierra, mit seiner traditionellen Architektur die in ihrer ganzen Reinheit erhalten geblieben ist und mit einem schönen Ausblick auf die Obst- und Gemüsegärten die sich im Hochtal des Río Algarrobo ausbreiten. Vom höchsten Punkt des Ortes bietet die Klause **Ermita de Santa Ana** den schönsten Panoramablick über diese Landschaft. Sowohl die Klause als auch die Kirche **Iglesia de Nuestra Señora de la Expectación** wurden im 16. Jh. errichtet auch wenn sie späteren Reformierungen unterzogen wurden. Das Mittelschiff der Kirche wurde mit der üblichen Holzverstrebung gedeckt, verfügt aber auch über einen Chor. Sowohl Canillas de la Albaida als auch Cómpeta sind Ausgangspunkte von gepflegten Wanderwegen durch die Sierra von Almijara. Wieder an der Küste, über die Straße die Cómpeta mit Algarrobo und der Bucht Caleta de Vélez verbindet, beenden wir unsere Tour in **SAYALONGA**, ein weiteres der bezaubernden Dörfer moriskischen Ursprungs dieser Region. Seine Kirche **Iglesia de Santa Catalina**, die eine granadinische Statue der Jungfrau *Virgen del Rosario* beherbergt, ist ebenfalls ein Bauwerk im Mudéjarstil des 16. Jhs., das später reformiert wurde. Wahrscheinlich wird der **rund angelegte Friedhof** am Eingang des Ortes die Aufmerksamkeit des Reisenden erwecken.

Kreisförmiger Friedhof von Sayalonga.

Ronda und seine Sierra

Geschichtliche Einführung

Der Reisende der nach Ronda kommt wird vor allem von seiner einzigartigen Lage überrascht sein. Die Stadt, die auf 750 m über dem Meeresspiegel liegt, breitet sich auf einer Hochebene aus, die von einer 500 m breiten und 100 m tiefen Schlucht, der sogenannten *Tajo de Ronda*, in zwei geteilt wird und in dessen Tiefe der Fluß Guadalevín verläuft. Diese Hochebene wird an ihrem westlichen Ende ebenfalls von einem senkrecht abfallenden Felsenband abgeschlossen, das nicht weniger eindrucksvoll als die eigentliche Tajo-Schlucht ist. Die Stadt bietet eine wundervolle Aussicht auf die von den Bergen der Sierra von Ronda umringten Landschaft, die der Stadt ihren Namen verleiht.

Häuser über der Tajo-Felswand von Ronda.

Málaga — Tour Nr. 4 | Ronda und seine Sierra

Die menschliche Präsenz in dieser Region geht in vorgeschichtliche Zeiten zurück, wie es die Wandmalereien der Höhle Cueva de la Pileta →93 bezeugen. Kürzlich durchgeführte Ausgrabungen in der Altstadt bestätigen die Existenz von Resten aus der Jungsteinzeit. Ronda wird in der Geschichte von Autoren wie Plinius erwähnt, der das *Arunda* des 6. Jhs. v.Chr. als einen Vorposten keltischer Bastulos beschreibt, während die Iberer, mit denen sie sich letztlich vermischten, die Gründer des nachbarlichen Acinipo →74 gewesen sein sollten. Phönizier, Griechen und Karthager ließen sich in Ronda nieder. Die Römer nannten sie Laurus und erbauten die Burg dessen Namen sie erhielt →84, um die aufständischen keltiberischen Stämme zu kontrollieren. Nichtsdestoweniger, Acinipo war als römische Gemeinde wichtiger und man prägte sogar Münzen in der Stadt.

Mit dem Verfall des Kaiserreichs verwüsteten die Einfälle der Germanen beide Städte aber noch installierten sich die Byzantiner in Acinipo bevor sie dann endgültig im 7. Jh. verlassen wurde. Ronda, die in diesen Zeiten von den Westgoten besetzt war, erreichte nach der Eroberung durch die Mauren, die sie *Izna-Rand-Onda nannten,* große Bedeutung als Hauptstadt der *Cora* bzw. Provinz von Tacoronna. Von den politischen Revolten dieser Region ist jene hervorzuheben, die von Omar ibn Hafsún von Bobastro →98 aus dirigiert wurde, die meisten zwischen den Jahren 899 und 917, als er das cordobesische Kalifat in Schach hielt. Nach seinem Verfall und während der ersten Hälfte des 11. Jhs. verwandeln die Berber von Banu Ifrán *Madinat Runda* in ein blühendes Taifa Reich, unter welchem sich eine blühende Stadt entwickelte.

Nachdem die Unabhängigkeit im Jahr 1066 mit der Eingliederung in das Königreich Sevilla verloren war, steht Ronda vier Jahrhunderte unter der Herrschaft verschiedener nordafrikanischer Stämme —der Almoraviden, Almohaden oder Benemerines— und sogar unter den granadinischen Nasriden. In diesen Jahrhunderten erlebte die Stadt weitere Momente der Blüte. Letztlich, nach mehreren Versuchen, gelingt den Christen ihre Eroberung im Jahr 1485, wonach es unter die Herrschaft des frühverstorbenen Prinzen don Juan, Sohn der Katholischen Könige, kam. Eine ausgedehnte Periode von Moriskenaufständen, besonders intensiv im Bergland von Ronda, zog sich hin bis zum Verstoß dieser Bevölkerung im Jahr 1609. In Ronda beginnt danach eine Phase der Dekadenz, von der sie sich erst im 18. Jh. wieder erholt, als sein berühmter Stierkampfplatz →91 und die neue Brücke Puente Nuevo →80 erbaut wird, womit man eine definitive Verbindung mit dem Marktviertel bzw. Barrio del Mercadillo erreicht, wo sich die Stierkampfarena befindet und wohin sich die Stadt nach der Eroberung durch die Christen ausgedehnt hat.

Der Einmarsch der napoleonischen Truppen im Februar 1810, an dessen Spitze Joseph Bonaparte persönlich steht, provoziert eine rege Guerilla-Aktivität in der Sierra. Obwohl die Franzosen Ronda 1812 verlassen und bei ihrer Flucht die arabische Burg zerstören, erlischt diese Aktivität nicht sondern entwickelt sich viel mehr in den berühmten Bandolerismus Spaniens des 19. Jhs. Der Straßenbau und speziell die Eisenbahn, die 1891 eingeweiht wird, treiben die soziale und wirtschaftliche Entwicklung Rondas seit dem Beginn des 20. Jhs. voran. Hier wurde 1918 der Andalusische Kongress abgehalten, der, von Blas Infante inspiriert, das Wappen und das Banner hervorbrachte, die heute Symbol der Autonomen Region Andalusiens sind.

Acinipo. Theater.

Acinipo

Die Römerstadt Acinipo (Ronda la Vieja)

Die archäologischen Ausgrabungen von *Acinipo*, das fälschlicherweise von der Bevölkerung Ronda la Vieja, d.h. Altes Ronda genannt wird, -im Glauben dass es sich um die erste Niederlassung handelt-, liegt 21 km nordwestlich von Ronda, auf einer stark west-ostgeneigten Hochebene, auf 980 m über der Meereshöhe. Von hier aus genießt man eine breite und wunderschöne Aussicht auf die Region. Seine strategische Lage ist die Erklärung dafür, dass sich hier bereits im 4. Jh. v.Chr. Menschen niederließen. Man kann am Eingang der Niederlassung noch Reste von kreisförmigen Wohnbauten aus dem 8. und 7. v.Chr. erkennen, die aus der ursprünglichen Gündungszeit der Iberer stammen, obwohl einige Geschichtskundige glauben, dass die Phönizier aus Sidon der Niederlassung ihren Namen gaben.

In den Texten von Plinius und Ptolomeus als keltische Beturia erwähnt, verwandelte sie sich mit der Romanisierung der Halbinsel in eine der wichtigsten *civitas* Andalusiens. Als Hauptstadt der Region verfügte man seit dem 1. Jh. v.Chr. über eine Prägeanstalt die Münzen mit ihren Symbolen, eine Weintraube und zwei Kornähren, prägte. Im Jahr 429 wurde sie von den Wandalen verwüstet, danach aber noch von den Byzantinern bis zum endgültigen Verlassen im 7. Jh. bewohnt. Ein großer Teil seiner Reste wurde beim Errichten naheliegender Gutshöfe verwendet. Unglücklicherweise kann man heute lediglich noch das Theatergebäude erkennen. Die systematischen Ausgrabungsarbeiten beginnen bereits in den 60ziger Jahren aber bis heute hat man nur einen kleinen Teil der Fundstelle erforscht.

Acinipo war von Mauern mit halbrunden und rechteckigen Türmen umgeben, von welchen noch Reste im östlichen Teil existieren, wo sich wahrscheinlich das einzige Stadttor befand, denn die übrige Stadt der Hochebene war von steil abfallenden Felswänden begrenzt. Die wichtigsten Straßen, *cardo* und *decumanus*, waren Nord-Süd und Ost-West ausgerichtet. Auf einer ebenen Stelle im Südostbereich, am Rande der Hochebene, befand sich das Forum. Hier hat man die Reste des offiziellen Tempels sowie anderer, wahrscheinlich zur Kurie gehörenden, Basilika und Säulengänge freigelegt. Man hat auch einen Teil der öffentlichen Thermalbäder der Stadt freigelegt und zwei zusammen stehende Wohnhäuser neben dem Stadttor.

Das Theater wurde am westlichen Rand der Hochebene errichtet, wahrscheinlich am Ende des 1.Jhs.v.Chr., wobei man die Unebenheit des Geländes nützte, um die Sitzreihen aus dem Felsen zu schlagen, so wie es auch die Griechen machten. Es sind große Teile der Stufenreihen erhalten geblieben sowie des Orchesterraums mit rotem Marmorboden, und der Vorderteil der Bühne aus großen, ohne Mörtel aneinandergefügten Quadersteinen aus Granit, die man beim Bau der Stufenreihen herausgearbeitet hatte. Die Bühne verfügt über drei zu den Umziehräumen führenden Türen, von welchen die mittlere die höchste ist, sowie über Mauernischen im oberen Teil, in denen sich wahrscheinlich Statuen befanden. Der Zugang zum Theater ging durch zwei gedeckte *vomitorien* in Form eines "L", die zu den Sitzreihen führten und das Theater war von einer breiten und hohen Mauer umgeben, von der heute praktisch nichts mehr vorhanden ist.

Maurisches Ronda
(Hizna Rand-Onda)
Panoramablick

Durch die privilegierte Lage von *Hizna Rand-Onda* waren die Stadtmauern lediglich eine Ergänzung des natürlichen Schutzes der senkrecht abfallenden Felswände —der *Tajo*—, die Ronda im Osten und im Norden uneinnehmbar machten. Auch wenn frühere Spuren vorhanden sind, geht ihre Errichtung hauptsächlich in die maurische Epoche zurück. Nach der Eroberung wurde sie durch die Christen reformiert und seit 1960 einer Serie von Restaurierungen unterzogen. Da sich der einzige ebene Zugang im Süden befand, war dies der am besten geschützte Teil wo man, über den Resten der römischen Festung Laurel →73,→84, die maurische Festung, den **Alcázar** errichtete.

Die progressive Verwahrlosung und spätere Zerstörung durch die französischen Truppen im Jahr 1812 machen es unmöglich das Aussehen der Festung wiederzugeben, die, nach Aussagen von Hernando del Pulgar, mit drei Mauern und vielen Türmen bewehrt war. Die Ostmauer verlief paralell zur Stadtmauer und bildete eine enge und lange Straße, die durch Wachttürme führend den Zugang zur Stadt bildeten.

Am südlichen Teil der Stadtmauer existiert noch das Tor **Puerta de Almocábar** →85. Vom Tor **Puerta de las Imágenes**, das sich in der Nähe der Kirche Espíritu Santo befand, ist im Gegenteil nichts mehr vorhanden. Am östlichen Teil der Mauer, auf der Höhe der Straße Calle del Carmen, ist das Tor **Puerta de Exíjara** erhalten geblieben auch wenn es, dem Modell des Almocábar Tors folgend, rekonstruiert ist. Es verband die Stadt bzw. *Madinat* mit dem Judenviertel oder dem Unteren Viertel. Dieses Viertel verfügte ebenfalls über eine Schutzmauer von der kaum einige Reste und Fundamente seiner Türme erhalten geblieben sind. Im äußersten nördlichen Teil existieren noch immer die **arabischen Bäder** →78, und in ihrer Nähe die Brücke **Puente de San Miguel bzw. Puente Árabe** →88. Hinter der Brücke befand sich ein weiteres wichtiges Stadttor, als **Puerta del Puente** bekannt, das im 18. Jh. von dem Tor Puerta de Felipe V. →88 ersetzt wurde.

Zuletzt, im westlichen Teil, den Hang abschließend der den Felswänden am nächsten liegt, verlaufen die Ruinen einer Lehmmörtelmauer. Es handelt sich hier nicht um die Mauer der Stadt, die bereits von der tiefen Schlucht beschützt war, sondern um die **Albacara** —aus dem Arabischen *al-baqqàra*, Kuhgehege— wo man im Falle einer Belagerung die Rinder unterbrachte. Hier haben sich, ohne Restaurierung, das Tor **Puerta del Viento** mit Flachbogen aus Ziegelsteinen erhalten, und das Tor **Puerta de los Molinos oder Puerta del Cristo**, ebenfalls aus Ziegelsteinen, beidseitig mit zugespitztem Hufeisenbogen und einem überhöhten Spitzbogen. Dieses Tor befindet sich am Hang der vom Aussichtspunkt del Campillo, neben dem Palacio Mondragón →82, bis in die Schlucht des Tajo führt, in der Getreide- und Walkmühlen mittels eines vom Fluß abgeleiteten Kanals betrieben wurden.

Hernando del Pulgar erwähnt fünf Moscheen die nach der Eroberung durch die Christen der Heiligen María der Inkarnation, dem Heiligen Geist, Santiago, St. Johannes der Evangelist und y St. Sebastian geweiht wurden. Wahrscheinlich existierten noch weitere muslimische Gebetsstätten, aber es ist lediglich das *Mihrab*, d.h. die Gebetsnische und das Fundament der Aljama- bzw. Hauptmoschee in der Hauptkirche der Inkarnation →83 erhalten geblieben sowie das Minarett der St. Sebastian Kirche →86. Die unterirdische Mine, die sogenannte **subterráneo de la Mina** →87 ist noch erhalten, eine in den Felsen gehauene, unterirdische Treppe über die man sich mit Trinkwasser aus dem Fluß versorgte.

Die arabischen Bäder

Die arabischen Bäder

Ronda

Málaga

Tour Nr. 4 | Ronda und seine Sierra

Es handelt sich um die Hauptbäder oder *hamman*, die in der maurischen Stadt existierten und die eines der am besten erhaltenen Bäder der iberischen Halbinsel darstellen. Sie befinden sich am Ende des Judenviertels und in der Nähe der San Miguel Brücke, genau am Zusammenfluß des Guadalevín mit dem Bach Arroyo de las Culebras. Das Bauwerk stammt aus der gleichen Epoche wie die Gebetsnische der Aljama-Moschee —Ende des 13. bzw. Beginn des 14. Jhs.—. Im Laufe der Zeit, trotz der schützenden Mauern, wurde es teilweise durch Überschwemmungen des Flußes eingegraben. Zu Beginn des 20. Jhs. beauftragte Gräfin de Parcent →83 →87 —Mutter des Förderers der *Jet-Set* Marbellas, Alphons von Hohenlohe →53 — für diesen Ort eine Gartenanlage. Die Ausführung wurde Vitasini anvertraut, der hier die ersten Reste entdeckte die bereits sehr von den Anschwemmungen des Flusses bedeckt waren. Er benutzte wiederum die römischen Säulen und anderes Material in der Anlage die auch das *kleine Vitasini Museum* genannt wurde. Die Ausgrabungen gerieten später wieder in Vergessenheit, bis sie im Jahr 1935 vom Staat erstanden wurden.

Hauptsaal der Bäder.

Auch wenn eine systematische Ausgrabung noch ausständig ist, so kann man bereits die drei Baderäume sehen —den kalten, den warmen und den heißen—, von einem Tonnengewölbe bedeckt und durch Spitzbogen verbunden. Die Mauern aus Bruchstein weisen keinen Verputz mehr auf. Der Hauptsaal ist mit Hufeisenbogen aus Ziegelsteinen in drei Schiffe unterteilt, nach der Rekonstruktion die seinerzeit von Torres Balbás und Alphons Manzano entworfen wurde, obwohl es sehr wahrscheinlich ist, dass das Gewölbe von vier Eckpfeilern gestützt war und sich im Zentrum ein kleiner Brunnen befand. An beiden Enden befinden sich achteckige Gewölbe. Es sind zwei Säulen erhalten geblieben, von welchen eine ein sehr abgenütztes römisches Kapitell aufweist. Praktisch alle Gewölbe der Bäder verfügen über die üblichen sternförmigen Oberlichter und sowohl der Hauptsaal als auch der östliche Saal verfügten über einen Zwischenboden für die Kanalisierung des Wasserdampfes. Tatsächlich kann man an den westlichen Mauern beider Säle Reste der Kamine sehen, durch welche der Wasserdampf ausströmte.

Im östlichen Saal findet man außerdem eine Mauernische von fast drei Metern, in der sich wahrscheinlich der Kessel befand. Das Wasser wurde mit einer Leitung über Pfeiler aus Bruchstein zugeführt, das von einem Schöpfrad -das sich in einem an die Stützwand angebauten Turm befand- aus dem Guadalevín geschöpft wurde. Die Wiederherstellung des Wasserrades ist vorgesehen. Was den westlichen Saal betrifft, so weist dieser Bogen aus Ziegelsteinen an beiden Enden auf, wobei sich unter einem davon ein Wasserbecken befindet. Die Latrinen und die Umziehräume befanden sich wahrscheinlich dort wo sich heute die Treppe befindet, und im Freien verfügte man über einen Platz für Feuerholz. Es soll noch der Mühlstein erwähnt werden der im Wasserbecken gefunden wurde, der wahrscheinlich durch das Gewölbe gebrochen ist und deshalb gefunden werden konnte.

Ronda und seine Sierra

Von der Brücke Puente Nuevo zum Palacio de Mondragón

Die fast 40.000 Einwohner Rondas teilen sich in drei klar abgegrenzte Bezirke auf. Das zentrale Viertel ist als die Stadt bzw. **la Ciudad** bekannt und so ist es auch, denn es stimmt geographisch mit dem ursprünglichen römischen und mittelalterlichen Zentrum überein. Im Norden, durch drei Brücken über die Schlucht des Tajo mit dem vorgenannten verbunden, breitet sich das sogenannte **Mercadillo** Viertel aus, wichtiger im kommerziellen und industriellen Aspekt und natürliche Ausbreitungszone der Stadt. Im Süden, dem Tor Puerta de Almocábar gegenüber, liegt das eher ländliche **San Francisco** Viertel. Sowohl dieses, als auch das vorherige entstanden mit der städtischen Entwicklung im 16. Jh.

Wir schlagen vor den Spaziergang im Stadtviertel zu beginnen, in das wir uns vom Mercadillo Viertel aus begeben, genau gesagt, vom Plaza de España, auf dem sich das Parador Nacional de Turismo befindet, das ehemalige Rathaus, das von einer Büste des berühmten Politiker Rondas, Antonio de los Ríos Rosas (1808-1873) präsidiert wird, Onkel des ebenfalls aus Ronda stammenden Francisco Giner de los Ríos (1839-1915), Gründer der freien Lehrinstitution. Wir überqueren nun die Tajo Schlucht über die Brücke **Puente Nuevo**. Um die Wahrheit zu sagen, beide bilden sie ein wahrlich harmonisches Ganzes, und sind das Wahrzeichen der Stadt.

Die Brücke wurde gebaut, um die notwendige Verbindung der historischen Altstadt mit dem Mercadillo Viertel herzustellen, das sich im 18. Jh. gegen Westen ausgebreitet hatte, wodurch die beiden vorherigen Brücken zu weit entfernt waren. Im Jahr 1735 wurde die Brücke eingeweiht, dessen Bauwerk aber dem reißenden Guadalevín nicht standhielt, der sechs Jahre später den Einbruch der Brücke mit 50 Opfern verursachte. Es war Juan Martín de Aldehuela, dem auch die Stierkampf-

Mauer und Tor von Exijara.

Puente Nuevo – Neue Brücke von Ronda.

arena ›91 zu verdanken ist, der Architekt der die Bauarbeiten der Brücke leitete die wir heute kennen. Die Bauarbeiten dauerten von 1751 bis 1793. Trotz seiner barocken Ausbildung erhielt Aldehuela für diese Arbeit einstimmiges Lob, da ihm eine nüchterne Harmonie mit dem schwindelerregenden Raum gelang in den er die Brücke einfügte. Aus Quadersteinen realisiert, erheben sich ihre 98 m Höhe auf zwei mächtigen Pfeilern die von einem Bogen im unteren Teil gestützt werden und über welchen die eigentliche Brücke, der Bauweise eines Aquäduktes folgend, von drei Rundbogen gestützt verläuft. Der Mittlere Bogen ist der größere und ist weiter unten angebracht als die beiden seitlichen, wodurch Platz für einen Raum gelassen wurde, der früher als Gefängnis diente und heute als Interpretationszentrum verwendet wird.

Wenn man die Brücke überquert befindet sich, bereits im Stadtviertel, auf unserer linken Seite das Kloster **Convento de Santo Domingo**. Es wurde zu Zeiten der Katholischen Könige gegründet und diente als Sitz des Ketzergerichts. Auf der rechten Seite beginnt die Tenorio Straße, in der wir das Haus **Casa de San Juan Bosco** betrachten können, ein modernes Gebäude das von seinen ursprünglichen Besitzern der Salesianerkongregation gestiftet wurde. Von seinen wunderschönen, über den Felsabgrund hängenden Gärten, wird uns ein außergewöhnlicher Panoramablick geboten. Am Ausgang empfehlen wir einige Meter weiter zurückzugehen, bis zur Mündung einer Straße die mit dem Namen Beato Fray Diego José de Cádiz beschriftet ist.

Wenn man der traditionellen Überlieferung Glauben schenken soll, so geht die Verehrung der **Virgen de la Paz**, Schutzpatronin von Ronda, in die Zeit von Alphons XI. zurück, der, als er sich von seiner erfolglosen Belagerung zurückzog, die Stadt den christlichen Bewohnern, den Mozarbern, übergab. Die heutige Statue stammt aus dem 17. Jh. und steht auf einem kleinen Platz der sich in der, dem vorher genannten Mönch gewidmeten, Straße befindet und dessen Reste in einer silbernen Urne zu Füßen der Jungfrau ruhen. Die Kapelle der Jungfrau verfügt über einen Altar im

Brunnen des Hauses des hl. Juan Bosco.

málaga | Tour Nr. 4 | Ronda und seine Sierra

Tour Nr. 4 | Ronda und seine Sierra

barocken Churriguera-Stil, wobei der *gekreuzigte Heiland*, der dem Künstler Pedro Duque Cornejo zugeschrieben wird, besonders interessant ist.

Obwohl sein Aussehen und die Struktur im Laufe der Jahrhunderte verändert wurden, so ist das Haus des Riesen **Casa del Gigante** das am besten erhaltene Wohnhaus Rondas aus maurischer Epoche. Seinen Namen und den des Platzes verdanken sie zwei zyklopischen Reliefs die im 16. Jahrhundert an der Fassade angebracht wurden und von welchen nur mehr eines, teilweise zerstört, erhalten geblieben ist. Die Ähnlichkeit seiner Gipsdekoration mit jenen die in der Alhambra während der Herrschaft von Muhammad V. realisiert wurden, führen zu der Annahme, dass es wahrscheinlich im 14. Jh. erbaut wurde. Der ursprünglich zentrale Patio wurde später mit einem Portikus versehen, wozu man auch vier Säulen mit Mischkapitellen aus dem 13. Jh. verwendete. Das zentrale Wasserbecken ist eine Reproduktion des Originalbeckens. Der nördliche Saal ist der am besten erhalten gebliebene. Sowohl der Eingangsbogen als auch jene zu den Schlafzimmern sind mit Pflanzenmotiven dekoriert an welchen noch Farbreste haften.

Im **Palacio de Mondragón**, der einen besonderen Platz unter den in Ronda existierenden Palästen einnimmt, befindet sich das **Museum von Ronda und der Sierra**. Wenn wir wiederum auf Legenden zurückgehen so wird uns berichtet, dass der Palast bereits zu Beginn des 14. Jhs. vom König Abomelic, Sohn des Sultans von Fez, und später vom letzten Gouverneur der Nasriden, Hamed el Zegrí, bewohnt wurde. Nach der christlichen Eroberung ging er in die Hände von Melchor de Mondragón über, Hauptmann der königlichen Garde von König Ferdinand. Der Monarch war hier im Jahr 1501, auf Grund der Rebellion der Morisken des Berglandes, untergebracht. Zu diesem Zeitpunkt hatte man das

Turm des Mondragón Palastes.

Casa del Gigante – Haus des Riesen.

Detail des Mudéjar-Patios des Mondragón Palastes.

Gebäude wahrscheinlich bereits bedeutenden Reformen unterzogen, mit welchen die arabischen Charakterzüge verloren gingen. Unter der Herrschaft von Karl II. wurde es zum Eigentum seines Ministers Fernando de Valenzuela, und im 18. Jh. wurde mit Quadersteinen eine neue Fassade mit Ecktürmen errichtet. Nennenswert ist das Portal aus zwei Teilen mit Pfeilern, jeweils in dorischer und ionischer Stilrichtung und mit einem gebogenem Fronton gekrönt.

Im Inneren des Gebäudes hebt sich die Mudéjardecke im Festsaal und die Stuckdekoration an der Haupttreppe ab. Das Gebäude ist rund um drei Patios angelegt. Der erste, im Renaissancestil, hat auf zwei Seiten Säulengänge aus Ziegelsteinen mit korinthischen Säulen. Der zweite verfügt über Säulengänge mit abgeplatteten Bogen und Kragensteinen auf Steinsäulen. Der dritte ist im Mudéjarstil gehalten, mit Fliesendekoration an den Friesen und Bogen, und es sind auch Reste von Renaissancefresken und Bandwerken vorhanden. Durch einen Hufeisenbogen hat man Zugang zu einem ruhigen Garten mit Aussicht über das Tal.

Der Plaza de la Duquesa de Parcent

Auf dem höchsten Punkt der Stadt liegt der **Plaza de la Duquesa de Parcent**, seit maurischer Herrschaft der Hauptplatz von Ronda, auch wenn er zu jener Zeit irregulärer angelegt war. Hier befanden sich die wichtigsten Bauwerke: die Hauptmoschee, der wichtigste Marktplatz, bzw. Zoco, der Alcázar und das Gefängnis. Sein heutiges Aussehen erhielt der Platz bei seiner Erweiterung die am Ende des 19. Jhs. vorgenommen wurde. Später beauftragte die Herzogin von Parcent den Landschaftsarchitekten Jean Claude Forestier₃₈₇ mit einer Gartenanlage für sich selbst. Der Architekt war auch Direktor des Bois de Boulogne und Schöpfer der Parkanlage María Luisa in Sevilla, die für die Weltausstellung des Jahres 1929 angelegt wurde.

In der Gartenanlage kann man die Statue des vielseitigen Künstlers aus Ronda, **Vicente Espinel** (1550-1624) bewundern. Soldat, Geistlicher und Lehrmeister, wird ihm als Musiker die Einführung der fünften Saite der spanischen Gitarre zugeschrieben. Als Dichter verdankt man ihm die Erfindung der zehnzeiligen Strophe bzw. *Espinela*, die schönste Strophe der spanischen Dichtung und in hispanoamerikanischen Volksliedern sehr verbreitet. Aber Espinel ist vor allem als Autor des Werkes *Das Leben des Schildknappen Marcos de Obregón*, einer der berühmtesten Schelmenromane des Goldenen Jahrhunderts Spaniens, voll von autobiographischen Daten sowie Daten seiner Geburtsstadt, wo er in der Stiftskirche tätig war.

Die Hauptkirche **Iglesia Mayor de la Encarnación** wurde über der Hauptmoschee in verschiedenen, vom 16. bis zum Ende des 18. Jhs. andauernden, Phasen errichtet, wodurch eine Mischung verschiedener Baustile zustande kam, die speziell im Inneren der Kirche zum Vorschein kommen. Obwohl dies noch nicht bestätigt werden konnte wird überliefert, dass sich hier ein dem Kaiser Julius Cäsar geweihter Tempel befand. Von der Moschee sind noch Reste der Gebetsnische, bzw. des *Mihrab* erhalten, an dessen Eingangsbogen man Stuckdekoration aus dem Ende des 13. bzw Beginn des 14. Jhs. betrachten kann.

Bogen des Mihrab.

1508 autorisierten die Katholischen Könige die Erweiterung der Moschee, die nach der Eroberung zur Kirche geweiht wurde. Dieses erste Bauwerk wurde im spätgotischen Stil realisiert und verfügt über drei durch Spitzbogen getrennte Schiffe, wobei das mittlere, ursprünglich mit einer Mudéjardecke versehen war. Dieses wurde dann nach dem schrecklichen Erdbeben von 1580, das die Struktur des Gotteshauses beschädigte, durch halbrunde Gewölbe ersetzt. Später wurde eine ehrgeizigere Erweiterung durchgeführt, bei der ein Kopfteil

Baldachin.

Tour Nr. 4 | Ronda und seine Sierra

málaga

83

Málaga

Tour Nr. 4 | Ronda und seine Sierra

mit sieben Kapellen errichtet wurde, die den Renaissancestil der Kathedralen von Granada und Málaga folgten, obwohl die bis ins Jahr 1704 dauernden Arbeiten auch eine große Anzahl von barocken Elementen mit sich brachten. Es muß auch der im Jahr 1736 fertiggestellte Chor aus Nuß- und Zedernholz hervorgehoben werden. Im Gotteshaus finden wir den der Schmerzvollen Jungfrau gewidmeten Altaraufsatz, dessen Hauptbildnis von einigen dem Künstler Martínez Montañés und von anderen der La Roldana zugeschrieben wird, sowie den Altaraufsatz des Sakramentshäuschens. Sowohl der zuletzt genannte, als auch der Himmel des Hochaltars stammen aus dem 18. Jh.

Fassade mit Doppelbogen des Gemeindegebäudes.

Die zum gotischen Bauwerk gehörende Hauptfassade wird von einem grazilen Balkon aus dem Ende des 16. Jhs. verdeckt, von dem aus die Autoritäten den öffentlichen Ereignissen beiwohnten. Auf der linken Seite erhebt sich, über dem maurischen Fundament, der rechteckige Turm im Mudéjarstil aus Ziegelsteinen. Sowohl der Glockenturm als auch der Abschlußkörper sind achteckig. Seit dem 18. Jh. wird er von einem kleinen, mit Fliesen verkleidetem Helm, abgeschlossen. An der linken Seite des Glockenturms angebaut sehen wir das Turmhäuschen **Casita de la Torre**, ein kleiner Gebetsraum im Mudéjarstil und zugemauerten Hufeisenbogen. Möglicherweise diente er einem muslimischen Einsiedler.

Auf der anderen Seite des Platzes, dort wo sich heute die Herz Jesu Salesianerschule befindet, stand die Burg **Castillo del Laurel** ›73, eine Festung die auf Anordnung des Generals Scipio Emiliano im 2. Jh. v. Chr. erbaut wurde. In eine arabische Alcazaba verwandelt, wurde sie nach der Eroberung von den Christen besetzt. Sie diente ebenfalls als Unterkunft für die französischen Truppen, die gleichen die sie dann bei ihrem Rückzug, im Sommer 1812, ›76, in die Luft sprengten.

Der östliche Teil des Platzes wird von der breiten Fassade des Gemeindegebäudes bzw. **Ayuntamiento** eingenommen, eine ehemalige Militärkaserne, an dem die beiden Obergeschosse offene Arkaden aufweisen. Es wurde in verschiedenen Phasen im Laufe der 17. und 18. Jahrhunderte erbaut, wobei der letzte Umbau zum Gemeindegebäude im Jahr 1978 vorgenommen wurde. Hervorzuheben sind, abgesehen von der Mudéjardecke der Treppe, der aus vier Schiffen zusammengesetzte Sitzungssaal, die von Spitzbogen getrennt werden und zwischen denen wiederum Rundbogen eingesetzt sind. Am Platz stehen zwei weitere religiöse Gebäude aus dem 16. Jh.: die Barmherzigenkirche **Iglesia de la Caridad**, im nordwestlichen Teil und, daneben, im westlichen Teil, das Kloster **Convento de Santa Isabel de los Ángeles** bzw. der Klarissen.

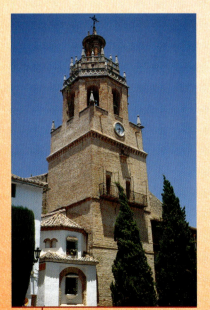

Hauptkirche der Inkarnation. Turm.

Das San Francisco Viertel

Die Escalona Straße führt uns vom Plaza de la Duquesa de Parcent zur Armiñán Straße. Dieser in Richtung Süden folgend, sieht man neben dem Hang Cuesta de las Imágenes, die Kirche **Iglesia del Espíritu Santo**. Sie wurde dem hl. Geist geweiht, da es zu Pfingsten des Jahres 1485 war, als sich die Stadt dem König Ferdinand dem Katholischen ergab, der wenig später die Errichtung des Gotteshauses anordnete, und zwar auf der Stelle wo früher ein achteckiger Wehrturm der Almohaden stand und der während der Belagerung durch die Christen zerstört wurde. Das Bauwerk wurde im Jahr 1505 beendet und seine von Strebepfeilern umgebenen Mauern verleihen dem Gotteshaus ein nüchternes Aussehen. Im Innern verbinden sich ein einziges gotisches Schiff mit anderen Renaissanceelementen. Der Chor wird von einem Carpanelbogen gestützt und im Hintergrund erscheint der barocke Altaraufsatz der Altarkapelle mit einem, die *Ausgießung des Heiligen Geistes* darstellenden, Gemälde, sowie eine Jungfrau byzantinischen Charakters.

An der Südmauer befindet sich das Tor **Puerta de Almocábar**, ein Name der aus dem arabischen *al-maqàbir* kommt, Friedhof bedeutet und sich

Almocábar Tor der Stadtmauer Rondas.

auf die damals nahegelegene Nekropole bezieht. Es wurde zur gleichen Zeit wie die arabischen Bäder →78, d.h. zwischen dem Ende des 13. und Beginn des 14. Jhs. erbaut, wie auch das *Mihrab* der Aljama Moschee →83. Das Tor wird von zwei seitlichen, halbrunden Türmen flankiert, während beide Stirnseiten mit Hufeisenbogen versehen sind. In seiner Mitte befindet sich ein Spitzbogen, an dem wahrscheinlich das Fallgitter angebracht war. Auf seiner linken Seite wurde 1965 das Renaissancetor **Puerta de Carlos V**, errichtet, das vom Wappen der Austrias zwischen kleinen Türmchen abgeschlossen wird. Bis zu diesem Zeitpunkt befand es sich auf einem rechteckigem Körper am Tor Puerta de Almocábar.

Durch diese Tore gelangen wir zur San Francisco Anlage, auf der die Reiterspiele sowohl der Christen als auch der Muslimen abgehalten wurden. Am hinteren Ende gründete man im Jahr 1664 das Kloster **Convento de Madres Franciscanas**, das nach dem Bürgerkrieg wieder aufgebaut wurde. Die San Francisco Straße, die dieses traditionelle Landarbeiterviertel durchquert, bringt uns bis zum Kloster von dem es seinen Namen

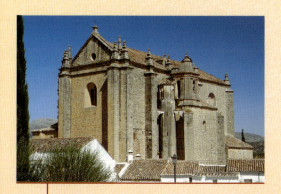

Heilige Geist Kirche.

San Francisco Kloster.

hat. An diesem Ort, an dem der Katholische König sein Lager aufschlug, wurde letztlich im 16. Jh. das Kloster **Convento de San Francisco** errichtet. Seine Architektur ist sowohl gotisch als auch mudéjar. Von der napoleonischen Besetzung und vom Bürgerkrieg betroffen, mußte es weitgehend restauriert werden, obwohl an der Kirche ein wunderschönes Portal im Isabellinastil erhalten geblieben ist, das von einem Bogen mit Mischlinien und Pflanzenmotiven dekoriert ist, all das von einem Ordensband der Franziskaner eingerahmt und mit heraldischen, auf die Gründung hinweisenden Elementen, abgeschlossen.

Vom Minarett des hl. Sebastian zur Brücke Puente Viejo

Die bereits bekannte Armiñán Straße beherbergt drei interessante Museen: die Numer 65 ist das **Museo del Bandolero**, ein Hauptdarsteller der Geschichte der Serranía. Unter den Bandoleros hebt sich der legendäre José María Hinojosa *El Tempranillo* ab. Das Jagdmuseum bzw. **Museo de Caza** befindet sich in der Nummer 59. Etwas weiter entfernt steht der Palast der Grafen der Conquista an der Nummer 29, in dem das **Museo Temático Lara** untergebracht ist und das der Kunst und den Antiquitäten gewidmet ist.

Das Minarett **Alminar de San Sebastián** gehörte zu einer Moschee des 14. Jhs., die von den Christen in eine Kirche verwandelt und dem hl. Sebastian gewidmet wurde, die aber heute nicht mehr existiert →76. Das Minarett ist auf einem, dem Dichter Abul Beca gewidmenten Platz erhalten geblieben, der sich am Zusammenfluß der Armiñán und Marqués de Salvatierra Straßen befindet. Es hat einen rechteckigen Grundriß und sein unterer Teil, an dem sich ein Hufeisenbogen mit Gewölbe befindet, wurde mit Quadersteinen ausgeführt. Das übrige Bauwerk ist aus Ziegelsteinen. Im zweiten Körper, an

Salvatierra Palast. Balkon.

Minarett San Sebastián.

dem man Reste von Fliesendekoration erkennen kann, wiederholen kleine Öffnungen den gleichen Bogen. Der obere Körper wurde aufgesetzt, um das Bauwerk als christlichen Glockenturm benützen zu können.

Am östlichen Ende der Stadt, auf dem Grundstück einiger muslimischen Wohnhäuser, das jenen nach der Eroberung durch die Christen zugeteilt wurde, errichtete Vasco Martín de Salvatierra seinen Wohnsitz Nichtsdestoweniger, der **Palacio del Marqués de Salvatierra** ist ein Produkt der im 17. und 18. Jahrhundert durchgeführten Reformen. Auch wenn in den Innenräumen speziell interessante Elemente existieren —die Brustlehne des Brunnens im Patio, die Privatkapelle, die Möbel und dekorativen Gegenstände, die Gärten—, ist es das Portal, das eine spezielle Bedeutung hat. Die das Tor flankierenden Säulenpaare stützen einen wunderschönen schmiedeeisernen Balkon. An der Ornamentik des oberen Körpers heben sich die Kragsteine mit ihrem kolonialen Einfluß ab, denn sie stellen Indianerpaare aus der Zeit vor Kolumbus dar. Am Bogenfeld befindet sich ein gekröntes Wappen.

Ebenfalls aus dem 18. Jh. ist der Palast **Casa del Rey Moro**, so genannt nach der Fliese an der Fassade, die einen muslimischen König darstellt. Als Hotel umgebaut, befindet es sich in der Santo Domingo Straße zwischen dem Palacio de Salvatierra und dem Kloster →81. Sein heutiger Aspekt, mit schmiedeeisernen Balkonen und Fließen ist der von der Herzogin de Parcent am Beginn des 20. Jhs. angeordneten Reform zu verdanken. Sehr attraktiv sind die **Gärten**, die von Jean Claude Forestier →83 entworfen wurden und über der Tajo Schlucht auf verschiedenen Niveaus angelegt und mit Fliesen und Marmorbrunnen dekoriert wurden. Von diesen Gärten kann man über eine 60 m unterirdisch in den Felsen gehauene Treppe zur Quelle **la Mina** hinuntersteigen, die am Grunde der Tajo Schlucht ihr Wasser mit jenen des Guadalevín vereinigt. Dieses bedeutende Bauwerk der Muslime half den Mangel an Trinkwasser in der Stadt zu beheben, die sehr viel höher als der Fluß liegt. Abgesehen davon, daß man die Unregelmäßigkei-

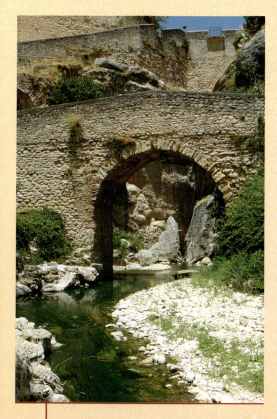

San Miguel Brücke oder Puente Árabe.

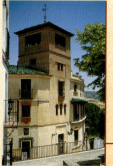

Casa del Rey Moro.

Tor Philipp V.

Málaga — Ronda und seine Sierra

ten der Felsen nützte, wurde auch Bruchstein für das Mauerwerk benutzt, das von Oberlichtern durchbrochen wurde, sowie Ziegelsteine für Bogen und Gewölbe. Im Verlauf der Treppe befinden sich mehrere Räume für verschieden Zwecke, bis der Gang in einem Turm endet, dessen Ausfalltor sich am Ufer des Flusses öffnet. Der Legende nach mußten die christlichen Sklaven die Wasserbeutel transportieren. Während der kastilischen Besetzung der Stadt war die Kontrolle der Wasserversorgung von äußerster Bedeutung.

1742, nach dem Zusammenbruch der Neuen Brücke, bzw. Puente Nuevo →80 und bis zu ihrer Wiederherstellung, beschloß man den Zugang über die Alte Brücke, bzw. Puente Viejo zu renovieren, die wiederum die Verbindung der Stadt mit dem Mercadillo Viertel auf sich konzentrierte. Das alte Tor Puerta del Puente →76 wurde bei dieser Gelegenheit durch ein anderes im klassizistischen Stil ersetzt, das sogenannte Tor **Puerta de Felipe V.** zu Ehren des ersten Bourbonen der damals in der Stadt herrschte. Sein Bogen aus Quader- und Ziegelsteinen stützt ein abgestumpftes Fronton, das mit kleinen Türmchen abgeschlossen und mit einem königlichen Wappen dekoriert ist. Um zum Tor zu gelangen müssen wir neuerlich durch die Santo Domingo Straße und dann weiter am Palacio de los Salvatierra vorbei hinuntergehen. Neben dem Tor existiert ein steinerner Sitz, der vom Volk Sitz des Mohrenkönigs genannt wird. Seine Existenz hat einen Sinn, wenn man das wunderschöne Panorama betrachtet, das man von diesem Sitz aus überblicken kann.

Weiter unten führt der Weg an der Kapelle des Heiligen Kreuzes vorbei, um uns dann zum Eingang der arabischen Bäder zu bringen →78, deren Besuch mehr oder weniger unerläßlich ist. Nun führt uns der Weg über die Brücke **Puente de San Miguel, de las Curtidurías** oder **Puente Árabe**, alle diese Namen führt er und auch Römerbrücke, bzw. Puente Romano wird er genannt. Möglicherweise wurde unter römischer Herrschaft eine Brücke gebaut, die den Guadalevín in diesem unteren Teil überquerte, aber die heutige Brücke geht auf maurische Epoche zurück. Mehrere Male vom Hochwasser beschädigt, wurde sie zum letzten Mal 1961 restauriert. Sie ist 12 m hoch und hat einen leicht zugespitzten Bogen. Auf Grund ihrer Anfälligkeit bei Hochwasser wurde Fluß aufwärts eine zweite Brücke errichtet, dem Tor Puerta del Puente gegenüber, die den Tajo auf 30 m Höhe überquert. Sie wurde 1616 beendet und war als Puente de San Pedro Mártir bzw. Puente Nuevo bekannt. Diesen Namen erhielt jene im 18. Jh. errichtete Brücke →80, während diese seit damals **Puente Viejo** bzw. Alte Brücke genannt wird. Die Balkons und Kugeln die seine Brüstung schmücken sind von der Restaurierung des Jahres 1961.

Das Mercadillo Viertel

Nachdem man die Alte Brücke, bzw. Puente Viejo →88 überquert hat, —nicht ohne einen Blick auf die Tajo Schlucht, von den Gärten der Escolleras Gasse aus zu werfen—, kommen wir durch die Real Straße in das ursprüngliche Zentrum des Viertels. Wahrscheinlich existierte in dieser Zone ein maurisches Viertel in dem sich ein Wehrturm befand der im

Puente Viejo – Alte Brücke.

Jahr 1481 niedergerissen wurde. Nichtsdestoweniger fand die Entwicklung des Viertels unter den Christen statt. Die hohe Besteuerung zwang die Händler in den ersten Jahren des 16. Jhs. sich außerhalb der Stadtmauern zu installieren, gegenüber der beiden Haupteingänge: des Tors Puerta de Almocábar und des Brückentors bzw. Puerta del Puente. Auch wenn man sich damit den Autoritäten widersetzte, kam es letztlich zu einer Konsolidierung, womit eine wirtschaftliche Aktivität zustande kam die auch eine Erweiterung der Stadt mit sich brachte, sowohl gegen Süden als auch gegen Norden, wobei es diese letztgenannte Ausbreitung war, in der sich der bis heute weiterbestehende Handel entwickelte und mit ihr das starke Wachstum, das den Bau der Neuen Brücke bzw. Puente Nuevo →80 nötig machte.

Am Beginn der Real Straße befindet sich der Brunnen **Fuente de los Ocho Caños**, aus Stein hergestellt und höchstwahrscheinlich zur gleichen Zeit wie das Tor Puerta de Felipe V. Er ist von einem Fronton mit Stadtwappen gekrönt und hat zwei Seiten: eine mit acht dekorierten Wasserrohren und die andere mit der Tränke. An seiner Seite, mit einem spitzbogigen Portal, erhebt sich der Turm mit Glockenmauer im Renaissancestil der Kirche **Iglesia del Padre Jesús**. Sie wurde im 16. Jh. errichtet und im 18. Jh. wurden sie im Inneren mit barocken Gipsdekorationen versehen. An die Kirche angebaut steht das Kloster **Convento de Madre de Dios**, ebenfalls im 16. Jh. errichtet. Hier werden Mudéjarelemente mit gotischen Renaissanceelementen kombiniert.

Padre Jesús Kirche und Brunnen der acht Wasserrohre.

Wenn man die Santa Cecilia Straße hinaufgeht und dann links die Yeseros Straße nimmt, kommt man auf einen kleinen Platz, an dem man die Fassade mit schmiedeeisernem Balkon der Herberge **Posada de las Ánimas** betrachten kann. Heute ist es ein Pensionistenheim. Vom 16. bis zum 19. Jh. stiegen hier Reisende unterschiedlicher Kategorie ab. Unter diesen befand sich auch ein Steuereintreiber, Miguel de Cervantes genannt. Wieder in der Santa Cecilia Straße zurück, können wir den kleinen Tempel **Templete de la Virgen de los Dolores** betrachten, fast an der Ecke der Straße gleichen Namens. Er wurde 1734 errichtet, wie aus seiner Inschrift hervorgeht. An der Mauer befindet sich, auf Art eines Balkons und zwischen königlichen Wappen, ein Altar mit Mauernische in der sich ein Gemälde der Jungfrau Maria befindet. Sein dreigeteiltes Dach bedeckt drei auf vier Säulen gestützte Gewölbe. An den beiden äußeren Säulen werden vier erhängte menschliche Figuren dargestellt. Dieses Detail muß mit dem Umstand in Verbindung gebracht werden, dass auf dem naheliegenden Platz öffentliche Hinrichtungen stattfanden.

Die Dolores Straße mündet in den Plaza de los Descalzos, auf dem die Kirche **Iglesia de Santa Cecilia** steht. Obwohl das Gotteshaus und das

Tempelchen der Schmerzen.

Ronda und seine Sierra

ehemalige Kloster im 17. Jh. errichtet wurden, so wurde die interessante Barockfassade wahrscheinlich erst während der Reform im Jahr 1769 durchgeführt. Nur wenige Meter von hier verläuft die **Carrera de Espinel** Straße, die Hauptverbindung der kommerziellen Zone und ein beliebter Spazierweg. Die schmiedeeisernen Fenstergitter und Balkone die in Ronda so häufig sind, stellen einen seiner wichtigsten Kunstschätze dar; das Haus Nr. 5 dieser Straße verfügt über einen besonders wertvollen Balkon mit schmiedeeisernem Gitter aus dem 18. Jahrhundert. Bevor wir zum Stierkampfplatz kommen, werden wir auf die Kirche **Iglesia del Socorro** stoßen, die auf dem Platz ihres Namens steht. Es handelt sich um ein würdevolles, neubarockes Gotteshaus das im Jahr 1956 beendet wurde, 20 Jahre nachdem das vorherige Gebäude aus dem 18. Jh. zerstört wurde.

Iglesia del Socorro – Mariahilfkirche

Vom Stierkampfplatz zum Hotel Reina Victoria

Dieser stolze Stierkampfplatz ist Eigentum der Real Maestranza de Caballería de Ronda und ist der erste, der von Philipp II. seit 1571 gegründet wurde, und zwar zur militärischen und reiterischen Ausbildung des Adels, wozu auch das Fest des Stierkampfes zählte, das bis zu diesem Zeitpunkt auf dem Hauptplatz stattfand, heute Plaza de la Duquesa de Parcent →83. Zwei Jahrhunderte später ordnete die Maestranza den Bau des **Stierkampfplatzes** an, einer der ältesten Spaniens. Bei der Leitung des Bauwerkes wirkten Martín de Aldehuela, Architekt der Brücke Puente Nuevo →80 mit. Das Portal der Arena, das von der gegenüberliegenden Seite im Jahr 1923 auf diese Seite versetzt wurde, kündigt den klassizistischen Stil des Bauwerkes an. Zwei toskanische Säulen auf Sockeln stützen auf Kragsteinen ein vom königlichen Wappen geteiltes Fronton, mit dem das Tor und ein wunderschöner schmiedeeiserner, mit Stierkampfmotiven dekorierter Balkon eingerahmt wird. Die Sitzreihen der Arena, mit einer Kapazität für 5.000 Zuschauer, ist gänzlich überdacht und wird von einem doppelten Bogenwerk mit 136 toskanischen Säulen getragen. Ein einzigartiges Detail dieses Platzes ist auch die Barriere aus Stein. Ebenfalls nennenswert ist das barocke Portal, das von außen durch eine Gittertür den Zugang zum Reitstall, bzw. Picadero erlaubte.

Nach fünf Jahren Bauarbeiten und einem teilweisen Einsturz wurde der Platz endgültig im Jahr 1785, mit dem Auftritt einer der beiden größten Figuren jener Zeiten und Väter des modernes Stierkampfes eingeweiht: wenn Pedro Romero die nüchterne Schule Rondas darstellte, so führte sein Rivale, Pepe-Hillo, die üppigere Schule Sevillas ein. Im 18. Jh. vernachlässigt der Adel das Fest der Stierkämpfe, dem Druck von Philipp V. nachgebend, ein Bourbone, der seine Abscheu vor den Stierkämpfen nicht verhehlte. Zu diesem Zeitpunkt verwandelte sich das einfache Volk, Diener jener Aristokraten, in Hauptdarsteller des Festes und führte, da man sich keine Pferde

Haupttor des Stierkampfplatzes von Ronda.

Ronda und seine Sierra

leisten konnte, den Stierkampf zu Fuße ein. Pedro Romero (1754-1839) war Enkel jenes mythischen Gründers, Francisco Romero (1698-1793), Erfinder des Stierkampftuches, und Sohn von Juan Romero, der die Zusammenstellung der Stierfechterquadrille anordnete. Pedro hob sich bald unter seinen Brüdern ab und verwandelte in Kunst, was bis dahin lediglich als Schauspiel des Vergnügens angesehen wurde. Es wird berichtet, dass er niemals von keinem der über 5.000 Stiere, die er im Laufe seiner Karriere tötete, verletzt wurde. Als alter Mann wurde er noch von Ferdinand VII. zum Direktor der Stierkampfschule Sevillas ernannt. Von Goya porträtiert, findet zu seinen Ehren jeden September, seit 1954, der international berühmte Goya-Stierkampf statt, bei welchem sowohl Teilnehmer als auch ein großer Teil des Publikums Trachten jener Epoche tragen.

Die zweite Dynastie von Stierkämpfern aus Ronda gehört dem 20. Jh. an. Ihr Gründer war Cayetano Ordóñez, *Niño de la Palma* genannt (1904-1961). Von seinen fünf Söhnen war es Antonio Ordóñez, der zusammen mit seinem Schwager Luis Miguel Domínguín die Stierkampfarenas seit den 50ziger Jahren beherrschte. Sein Ruhm zog große Schöpfer wie Orson Welles und Ernest Hemingway nach Ronda, deren Asche auf dem Gutshof des Stierkämpfers ruhen. Das Stierkampfmuseum bzw. **Museo Taurino**, im Untergeschoß der Arena untergebracht, konzentriert sich hauptsächlich auf die beiden Dynastien des Stierkampfs in Ronda.

Neben dem Stierkampfplatz liegen die Gärten Blas Infante. Hier stand auch das ursprüngliche Theater Espinel, in dem der Andalusische Kongress des Jahres 1918 ـ56 abgehalten wurde. Die Gärten sind Teil einer langen Promenade am Rande des fast 200 m hohen Plateaus über dem Tal des Guadalevín, die uns einen unvergleichbaren Panoramablick über die Region bietet. Sie beginnt bei der Neuen Brücke, noch über der Tajo Schlucht und führt rund um das Parador. Lediglich auf der Rückseite des Stierkampfplatzes geht er stadteinwärts, um dann wieder zu den Balkonen der **Alameda del Tajo** Anlage hinauszuführen. Dieser romantische Park wurde in den Jahren von 1787 und 1806 angelegt. Am Eingang von der Virgen de la Paz Straße wurde im Jahr 1954, bei der Zweijahrhundertfeier seines Geburtstages, eine Skulptur von Pedro Romero errichtet.

An das heutige Kloster der Karmeliter angebaut, in dem sich die Hand der hl. Therese befindet, die früher vom Diktator Francisco Franco aufbewahrt wurde, steht die Kirche **Iglesia de la Merced** am Ende der Parkanlage. Ihre weiße Fassade wird durch die Ziegelsteine der Pfeiler, durch ihre Öffnungen und Fenster hervorgehoben, und auf der rechten Seite erhebt sich der achteckige Glockenturm. Von hier aus empfehlen wir zur Alameda zurückzugehen und am Abgrund entlang der Promenade der Engländer, bzw. Paseo de los Ingleses, zu folgen. Diese führt uns zum **Hotel Reina Victoria**, das 1906 von Lord Farrington errichtet wurde, einer der Pioniere des britischen Fremdenverkehrs von Gibraltar. Der tschechische Dichter Rainer Maria Rilke wohnte in diesem eleganten Hotel in den Jahren 1911 und 1912. Das Mobiliar und die Dekoration seines Zimmers wurde, so wie es war, mit einigen Fotografien und Briefen von ihm intakt gehalten. In der Gartenanlage des Hotels hat man eine Statue errichtet, zum Gedenken an den Mann, der die Horizonte Rondas mit solch feinfühliger Schönheit in Gedichten und Briefen ausgedrückt hat.

Gärten der Allee.

In der Sierra von Ronda

Die Höhle **Cueva de la Pileta** befindet sich im **Parque Natural de la Sierra de Grazalema**, auf einer Distanz von 23 km von Ronda und 4 km von Benojan, 700 m über dem Meeresspiegel im Norden der Sierra de Líbar. Sie wurde 1905 entdeckt, ab 1912 erforscht und 1924 zum nationalen Monument erklärt. Ihr außergewöhnlicher geologischer Wert wird von ihrer archäologischen Bedeutung noch übertroffen. In der Höhle wurden Funde aus der Alt- und Jungsteinzeit sowie aus der Bronzezeit gemacht. In verschiedenen Sälen der Höhle wurden Wandmalereien entdeckt. Die ältesten davon, schematische von Hand erstellte Zeichen, stammen aus der Aurignac Periode und sind zwischen 15.000 u. 20.000 Jahre alt. Von großem künstlerischem Wert sind jene der Solutrense Periode, im Santuario Saal —wo jenes einer trächtigen Stute hervorsticht— und in dem des Fisches, bzw. del Pez.

Bei der Rückfahrt nach Ronda über Benaoján, in der Nähe des Bahnhofes dieses Dorfes, erweckt eine enorme Felsöffnung unsere Aufmerksamkeit. Es handelt sich um den Eingang zur Höhle der Katze, bzw. **Cueva del Gato**, in der man auch prähistorische Reste gefunden hat. Diese Höhle ist mit der Humilladero Höhle, die sich neben dem Staudamm von Montejaque befindet, durch 4 km lange Galerien des Gaduares Flusses verbunden.

Der zweithöchste Gipfel der Provinz ist der Torrecilla Berg, der mit seinen 1.919 m Höhe einen breiten Panoramablick über die Costa del Sol bietet und der, an reinen Tagen, auch bis zu den Gipfeln der afrikanischen Gebirgskette des Atlas reicht. Er erhebt sich im **Parque Natural de la Sierra de las Nieves**, im Südosten der Serranía von Ronda, und breitet sich über 18.500 ha aus, die sich bis zu den Gemeindegebieten von Parauta, Yunquera und Tolox erstrecken. In dieser Zone und in der Sierra von Grazalema und Sierra Bermeja befinden sich die größten Pinsapo Bestände —eine Tannenart aus dem Zeitalter der Tertiärformation— die lediglich im Mittelmeerraum existieren. Nicht weniger wichtig als das botanische und zoologische Reichtum, mit Exemplaren wie Königsadler oder Bergziegen, ist sein geologischer Wert. Auf seinem Karstrelief werden schroffe Gipfel von tiefen Abgründen abgelöst, die von Gewässern der reichlichen Niederschläge, die sich durch den Kalkstein filtern, im Laufe der Zeit gebildet haben. Unter ihnen befindet sich einer der tiefsten der Erde, der Abgrund bzw. das Sima G.E.M.S., das bis in eine Tiefe von 1.100 m erforscht wurde.

Panoramablick auf das breite Tal von Ronda.

Weide in der Region von Ronda.

Dolmen
Der Dolmen von Menga
Antequera

Antequera verfügt über eine der wichtigsten megalithischen Einheiten Europas. Die Dolmen von Menga und Viera befinden sich an der Ausfahrt der Stadt in Richtung Archidona. Der Dolmen von Romeral befindet sich auf einer Distanz von 4 km, an einer Abzweigung in der Nähe der Eisenbahnlinie. Die beiden letztgenannten wurden zu Beginn des 20. Jhs. entdeckt, während jener von Menga bereits 1645 von Rodrigo Méndez de Silva dokumentiert wurde. Dieser ist auch der älteste und wurde in den Beginn der Bronzezeit datiert —um 2500 v. Chr.—. Der Dolmen von Viera scheint aus einem späteren Zeitpunkt zu stammen, vielleicht 2000 v.Chr., während der von Romeral aus dem Ende der Kupferzeit, ca. 1800 v.Chr. stammt Die Errichtung dieser monumentalen gemeinschaftlichen Gruften, deren Grabbeigaben kaum erhalten geblieben sind, bedeutet dass streng hierarchische und gut organisierte Gemeinschaften bestanden. Die Steinblöcke, aus dem nachbarlichen Berg Cerro de la Cruz gehauen, wurden nach ihrer Bearbeitung, wahrscheinlich mit Hilfe von Zugtieren und Seilen, herbefördert. An der Errichtungsstelle wurden Gruben gegraben in welche man die Steinblöcke in vertikaler Lage hineinstellte. Anschließen warf man rundherum Erde auf, über die man anschließend die Deckblöcke hinaufbeförderte. Das Ergebnis war ein Hügel, der schon auf Distanz sichtbar war.

Dolmen von Viera.

Der Dolmen von Menga setzt sich aus einer großen ovalen Kammer von 18,5 m Länge und 6 m an der breitesten Stelle zusammen, vor der sich eine Zugangsgalerie befindet. In der Kammer sind auf jeder Seite sieben quadratische Steinblöcke angeordnet sowie ein großer Block auf der Stirnseite, die eine Decke aus fünf großen Steinplatten stützen, wobei das Gewicht der letzten Platte auf ca. 180 Tonnen geschätzt wird. Drei rechteckige, in Linie aufgestellte Pfeiler, stützen die Fugen der Decke ab. Der Gang wird aus fünf Steinblöcken auf jeder Seite gebildet und ist mit einer einzigen Steinplatte abgedeckt, den die des Eingangs existiert nicht mehr. Auf einem der linken Steinblöcke sind Inschriften aus menschlicher Hand angebracht. Auch der Innenumfang der Kammerdecke weist Gravuren auf, was auf ein erstes Bauprojekt hindeutet, das später abgeändert wurde. Ein Hügel von 50 m Durchmesser, aus Stein und Erde, bedeckt das Bauwerk.

Der **Dolmen von Viera** setzt sich ebenfalls aus einem Vorraum und einer Grabkammer zusammen, in diesem Fall mit quadratischem Grundriß, vier senkrechten Steinblöcken und mit einer einzigen Steinplatte bedeckt. Der Zugang zur Grabkammer führt durch einen ausgehöhlten Steinblock. Am **Dolmen del Romeral** erscheinen Neuigkeiten, sowohl in der Struktur als auch am Bauwerk selbst, denn hier hat man bereits kleine Mauerverbände verwendet und die Steinplatten lediglich für die Abdeckung reserviert. Ein langer Gang mit schiefen Wänden führt durch eine Öffnung mit Oberschwelle in die kreisförmige Grabkammer bzw. *tholos,* deren Wände ein falsches Gewölbe bilden. Ein zweiter Gang führt in eine zweite, kleinere kreisförmige Kammer, wo unter einer Steinplatte des Bodens, eine Stelle die wahrscheinlich als Altar verwendet wurde, ein Teil der Grabbeigaben gefunden wurde.

Römische Thermen

Die römischen Thermen von Santa María

Antequera

Antequera breitet sich zu Füßen eines mit Burgmauern gekrönten Berges aus →100, zwischen der Sierra del Torcal und einem breiten Ackerland im Norden der Provinz Málgas. Seine strategische Lage am Schnittpunkt des unteren und oberen Andalusiens, zwischen Inland und Küste, hat menschliche Niederlassungen seit vorgeschichtlichen Zeiten hervorgerufen. Die reichen archäologischen Funde in der fruchtbaren Ebene von Antequera bezeugen, dass hier in römischer Epoche zahlreiche Niederlassungen entstanden die sich dem Ackerbau und speziell dem Anbau von Olivenbäumen widmeten. Die Reste zweier Niederlassungen und einer Nekropole werden gegenwärtig analysiert. Beide Ausgrabungen befinden sich in der Nähe der Stadt.

Gleich wie beim nachbarlichen *Singilia Barba*, dessen bedeutenden Ausgrabungen sich auf dem Gutshof Cortijo del Castillón, 6 km nordöstlich von Antequera befinden, wurde auch diese Stadt von den Römern an einem wichtigen Verkehrsknotenpunkt gegründet. Im Jahr 1988, während der Umbauarbeiten des Plaza Baja de Santa María im Altstadtzentrum, erschien die erste archäologische Einheit aus römischer Epoche der Stadt, was den Standort der ehemaligen *Antikaria* bestätigte. Die besagten Reste, in das 1. Jh. n.Chr. datiert, befinden sich zu Füßen der Kirche Real Colegiata de Santa María la Mayor →104, am Hang des Hügels auf dem sich die arabische Burg erhob. Damit wird bezeugt, dass in diesem Bereich Niederlassungen in den verschiedenen historischen Perioden existierten.

Die Ruinen gehören zu Thermen, von welchen verschiedene *frigidaria* bzw. Kaltwasserbadesäle erschienen, Teil eines unterirdischen *hypocaustum* in dem die Heizung untergebracht war, und die zu den warmen und heißen Bädern gehörten —*tepidaria und caldaria*—, sowie Kanalisierungen für Abwasser. Das Gebäude wurde zu Beginn des 3. Jhs. umgebaut, wobei seine Orientierung verändert und teilweise Mosaikböden sowie Mauerwerke in Farnkrautform —*opus spicatum*— angebracht wurden. Besonders interessant ist ein 4,6 m x 6,5 m großes Mosaik. Sein äußeres Band besteht aus endlosen zweifarbigen Spiralen in Schwarz auf Weiß; ihm folgt eine Linie aus Hakenkreuzen und Quadraten mit Rosette im Zentrum, dann schwarze Linien auf Weiß und Streifen mit weißen Spitzbogen auf Schwarz, daneben ein Design aus weißen, roten und blauen Würfeln. In der Mitte, von einer gezähnten Linie umgeben und auf weißem Hintergrund erscheint eine Büste von *Oceanus* in rötlichen, schwarzen und blauen Tönen, die aus dem, durch himmelblaue Linien dargestellten, Wasser auftaucht.

L Der Jüngling von Antequera.

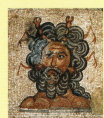

L Gott Ozean.

Bobastro

Mozarabische Felsenkirche in Bobastro

In den Jahren von 880 bis 928, waren der Anführer der Muladíes, Omar ibn Hafsún und seine Söhne Hauptdarsteller der größten Rebellion gegen die Omaijadenherrschaft. Über die Heldentaten dieser Figur wurden Ströme von Tinte vergossen: seine erste Etappe als Bandolero, seine Bündnisse mit anderen Rebellen, die Suche nach Unterstützung im Ausland, der wiederholte Verrat seiner Feinde, die pausenlosen Angriffe, die ihn bis in die Nähe Córdobas brachten, seine umstrittene Taufe im Jahr 899 und folglich die Unterstützung der Kirche, im Grunde genommen der letzte Versuch des alten spanisch-gotischen Adels seine feudalen Vorrechte aufrecht zu halten.

Auch wenn die hafsunitische Ausbreitung Festungen mit Wohnvierteln, Kirchen und Moscheen (in Ardales, Cañete, Cámara, Casarabonela, zusammen mit 15 weiteren nicht mehr existierenden) errichtete, war Bobastro immer der Sitz des Aufstandes. Gegenwärtig kann man seine Ruinen in einer wunderschönen Landschaft betrachten die als Mesas de Villaverde bekannt ist und auf einer Distanz von 6 km von Ardales liegt. Sie bildet ein natürliches Bollwerk mit schwierigem Zugang in dem sich eine Fundstelle von 60 ha Größe befindet. Ein erster Abwehrgürtel waren die Posten auf den Nachbarhügeln. Die Festung, bzw. Alcázar, die wahrscheinlich von abd al-Rahman III wieder aufgebaut wurde, stand auf dem alten Hügel El Castillón und war von einer doppelten Burgmauer geschützt. Rund um die Burg, vor allem im nordwestlichen Teil, lagen halb in die Felsen gehauene Wohnstätten die von den Tafonis genutzt wurden, sowie Zisternen, Steinbrüche und Bereiche für Gräber.

Im äußeren Bereich und von einer Zone mit Klausen umgeben, von der noch Mauerreste, ein Sammelbecken für Regenwasser, ein Speicher und eine kleine Nekropole erhalten sind, finden wir die in den Sandstein gehauene Felsenkirche. Die Kirche, das religiöse Wahrzeichen der Omar ibn Hafsún Bewegung, hat den Grundriß einer dreischiffigen Basilika und ein Kreuzschiff als Presbyterium. Hier kann man noch die Pfosten der Doppeltür erkennen, mit der es von den Schiffen und Apsiden getrennt wurde, wobei die seitlichen quadratisch und die mittlere hufeisenförmig war. Der Raum wird in leicht abfallende Niveaus aufgeteilt und am Kopfteil wurde versucht eine Krypta auszuhöhlen. Es sind noch zwei, die Schiffe trennenden, Hufeisenbogen auf Pfeilern erhalten geblieben von welchen einer unvollendet ist. Wahrscheinlich wurde die Kirche nie fertiggestellt, vielleicht durch einen Riß im Felsen, durch den der Boden des rechten Teils zwei Meter höher liegt. Die das Mittelschiff vom linken Schiff trennenden Pfeiler weisen eine Abweichung auf, die wahrscheinlich auf Grund der Schwierigkeiten bei deren Bearbeitungen hervorgerufen wurde. Das einzige Tor befindet sich, nicht in der Mitte, im Nordteil des Kreuzschiffes. Man nimmt an, dass sich ein Haupttor auf der gegenüberliegenden Seite befand, aber diese Zone wurde durch ein von Schatzsuchern verursachtes Loch beschädigt. Wenn man annimmt, dass die Kirche in den Bereichen mit ungenügender Felsenhöhe mit Lehmmauern fertiggestellt und mit Holzdach versehen wurde, so war ihr äußeres Aussehen sehr einfach, ohne architektonische Fassade und Turm.

Tour Nr. 5 | Antequera und nördliche Provinz

Die Alcazaba Festung und die maurischen Stadtmauern Antequeras

Die Stadt wurde im 8. Jh. von Abdelaziz ibn Muza erobert. Während des Kalifats verlor sie durch die Verlegung der Hauptstadt der cora bzw. Provinz Rayya nach Archidona →107 an Bedeutung. Die ältesten Berichte über die Festung, damals *Antakira* genannt, stammen aus dem 11. Jh., obwohl der Großteil der erhalten gebliebenen Mauern und Türme, bei deren Errichtung man Elemente aus der Römerzeit verwendet hatte, aus der ersten Hälfte des 14. Jhs. stammen. Die Medina breitete sich über etwas mehr als 6 ha aus und war von einer Mauer umgeben, obwohl wahrscheinlich ein äußeres Viertel existierte das zu Beginn des 16. Jhs. erwähnt wird. Nach mehreren Versuchen gelingt es dem Enfant Don

Der Felsen der Verliebten, zwischen den Türmen der Alcazaba Festung von Antequera.

Torre Blanca – der weiße Turm der Alcazaba.

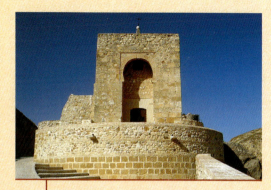
Málaga Tor (Klause Virgen de la Espera).

Fernando, Regent von Johann II. von Kastilien die Eroberung der Stadt im Jahr 1410. Da es sich nun um eine Grenzstadt handelte, kam ein Zuwuchs der Bevölkerung und eine Ausdehnung der Stadt in die Ebene, Richtung Norden, erst mit der Eroberung Granadas zustande. In der zweiten Hälfte des 16. Jhs. wurden Paläste, Kirchen und viele Klöster errichtet, die den historischen Stadtteil bildeten, der dann im 18. Jh. seine definitive Struktur erreichte.

Die maurische Festung, bzw. **Alcazaba**, befand sich nordöstlich des Hügels, an dessen Südhang sich später die Stadt ausbreitete. Gegenwärtig sind noch einige Mauerteile und zwei große Türme zu sehen. Der Hauptturm, bzw. **Torre del Homenaje**, in der nordöstlichen Ecke, steht auf einem großen Sockel. Über den Weg außerhalb der Mauern, Adarve genannt, kommt man in den Turm. Einer seiner Räume ist mit einer Holzdecke versehen, während die anderen über Tonnengewölbe verfügen. Über dem Turm wurde am Ende des 16. Jhs. der Turm **Torre de Papabellotas** aufgebaut, ein kleinerer Glockenturm, dessen Glocke die Bewässerung der Talebene regulierte. Der Hauptturm ist durch den Adarve-Weg mit dem **Torre Blanca** verbunden, dessen Innenräume auf zwei Stockwerken verteilt sind.

Vom weißen Turm der Alcazaba Festung ging ein zweiter Mauerring bis zum Südteil des Hügels hinunter wo sich das Tor **Puerta de Málaga** befand, ein Turm mit eckigem Gang und Hufeisenbogen aus Ziegelsteinen. In christlicher Epoche wurde das Tor in die Klause **Ermita de la Virgen de la Espera** verwandelt. Von hier aus ging die Mauer am Osthang in Richtung Fluß weiter —heute Calle del Río Straße—, wo ein Wachtturm, der durch ein halbes Tonnengewölbe mit der Mauer verbunden und heute von Wohnbauten umringt ist, die Wasserversorgung absicherte und mit der sogenannten Sternpforte bzw. **Postigo de la Estrella** verbunden war. Von hier führte die Mauer weiter bis zum Tor **Puerta de la Villa**, wo sie sich wieder mit der Burg vereinte. Das genannte nasridische Tor verfügte über Brustwehr und Graben, wurde aber im 16. Jh. durch den Bogen **Arco de los Gigantes** ersetzt. Es soll auch erwähnt werden, dass man seit dem Jahr 2000 ein weiteres Mauerteil mit zwei kreisförmigen Türmen wiedererbaut hat.

Vom Plaza de Santa María ➔104 verläuft die Steigung bis zur Alcazaba zwischen Gartenanlagen von denen man einen schönen Panormablick über die Stadt und das breite Tal genießen kann. Inmitten der Ebene reckt sich der Felsen der Verliebten bzw. Peña de los Enamorados in die Höhe, der uns mit seiner eigenartigen Silhouette an die Legende der Verliebten erinnert, sie Muslimin und er Christ, die einer unmöglichen Liebe ein Ende bereiteten indem sie sich vom Felsgipfel in die Tiefe stürzten.

Ein Spaziergang durch Antequera

Wir schlagen vor den Spaziergang am Plaza de San Sebastián zu beginnen, in dessen Mitte ein von Pedro Machuca im Jahr 1545 entworfener Renaissancebrunnen steht. Aus dieser Epoche stammt auch die Kirche **Colegiata de San Sebastián**, dessen von Diego de Vergara entworfene Fassade im Platereskostil den Platz beherrscht. Der schöne Turm aus Ziegelstein, dessen oberer Teil achteckig und helmförmig abgeschlossen ist, wurde zu Beginn des 18. Jhs. erbaut und ist der höchste der Stadt. Im Inneren finden wir bedeutende Gemälde und Skulpturen. An den Turm angebaut und bereits in der Straße der er seinen Namen verleiht, befindet sich das Kloster **Convento de la Encarnación**, mit einer Kirche aus dem 16. Jh.; ihr granadinischer Mudéjarstil wird durch die das einzige Schiff bedeckenden Verstrebungen offenkundig, das von einer erhöhten Altarkapelle präsidiert wird. Neben dem Kloster breitet sich der Plaza del Coso Viejo aus, wo sich dem Kloster **Convento de las Catalinas** gegenüber auch der **Palacio de los Nájera** befindet, ein bedeutendes Zivilbauwerk des andalusischen Barocks. Auf einer

Veracruz Hügel.

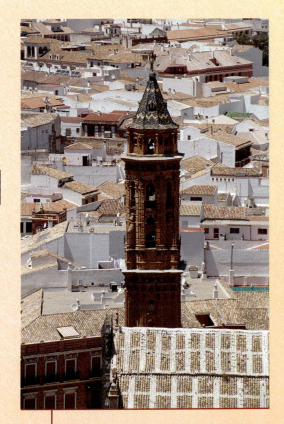

Stiftskirche des hl. Sebastian. Glockenturm.

Seite der Fassade erhebt sich en schöner Aussichtsturm. In seinem Inneren ist das Gemeindemuseum bzw. **Museo Municipal** untergebracht, in dem der berühmte Jüngling von Antequera ausgestellt wird, eine wunderschöne Bronzefigur aus dem 1. Jh. n.Chr. die als eines der besten Beispiele römischer Skulpturen unseres Landes betrachtet wird.

Jetzt gehen wir die Nájera Straße und die Steigung Cuesta de Barbacanas —die Barbakanen kann man im Hintergrund sehen— bis zum Plaza de las Descalzas hinunter, der nach dem Kloster **Convento de San José**, aber auch als Kloster der Barfüßigen bzw. Convento de las Descalzas bekannt ist. Am barocken Portal seiner Kirche erregen die kleinen menschlichen Figuren unsere Aufmerksamkeit, die kombiniert mit Pflanzenmotiven als Kragsteine für das Gesims dienen, das die Trennung vom oberen Teil darstellt. Nennenswert sind auch die Gemäldekollektionen die das Innere des Gotteshauses dekorieren. Wenn man bei der Straße Calle de la Madre Carmen del Niño Jesús hineingeht sieht man zuerst die Mudéjar-Renaissancefassade des **Palacio de los Marqueses de la Peña de los Enamorados**, die von zwei Aussichtstürmen flankiert wird und anschließend das Kloster **Convento de la Victoria**, eine Gründung der Paulinermönche, mit einer Kirche aus dem 18. Jh. die nach römischem Modell mit zentralem Grundriß erbaut wurde. Dieses Modell, wenn auch bei einem späteren Entwurf abgeändert, wiederholt sich bei der Kirche des Klosters **Convento de Santa Eufemia** in der Belén Straße. Um zu ihr zu gelangen müssen wir der Carrera Straße bis zum Plaza de Santiago folgen, wo sich die Fassade mit doppeltem Atrium der Kirche **Iglesia de Santiago** erhebt. In der Straße gleichen Namens befindet sich auch das Kloster **Convento de Belén**, mit einer weiteren Kirche aus dem 18. Jh.. Ihr Inneres ist mit einer üppigen vergoldeten und vielfarbigen Gipsdekoration versehen.

Die Belén Straße endet beim Tor **Puerta de Granada**, das in der Mitte des 18. Jhs. erbaut wurde und mit den Wappen

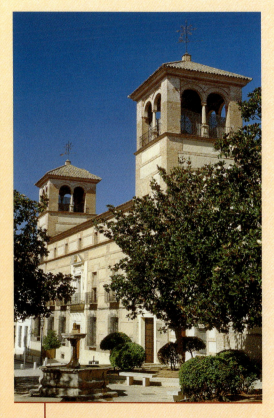

Mudejar-Türme des Klosters der Barfüßer.

Aussichtsturm des Nájera Palastes.

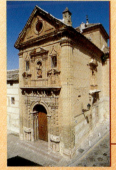

Kloster San José.

Málaga

Tour Nr. 5 | Antequera und nördliche Provinz

von Ferdinand VI. und der Stadt Antequera versehen ist. Vom Tor hat man eine interessante Sicht auf die Burg und Umgebung. Wenn man Lust auf einen Spaziergang hat, so kann man die **Dolmen von Menga und Viera** →94 besuchen, und zwar über die Granada Straße bis zum Stadtende. Bevor wir zum Plaza de las Descalzas zurückgehen empfehlen wir auf jeden Fall über die Cristo de los Avisos Straße bis zum Kloster **Real Convento de San Zoilo** zu gehen, dessen Atrium sich dem Marktplatz gegenüber befindet. Es ist eine Stiftung der Katholischen Könige und geht ins 16. Jh. zurück, während seine Kirche ein spätgotisches Bauwerk ist, obwohl man bei einer Reform des darauffolgenden Jahrhunderts manieristische Gipsarbeiten beifügte. Es ist jedoch die Mudéjardecke des Mittelschiffes erhalten geblieben. Im Gotteshaus heben sich drei Renaissancewerke ab: Ein spanisch-florentinischer Altaraufsatz, ein Gekreuzigter, der als *Cristo Verde* bzw. Grüner Christus bekannt ist, und das Bildnis *Jesús Nazareno de la Sangre*.

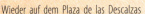
Del Carmen Kirche. Churrigueresker Altaraufsatz.

Wieder auf dem Plaza de las Descalzas zurück, gehen wir die Steigung Cuesta de los Rojas bis zum Plaza del Carmen hinauf, der von Mauerteilen und Türmen beherrscht wird. Von hier geht die Straße gleichen Namens bis zur Kirche **Iglesia del Carmen** auf dem Platz Convento del Carmen hinunter. Das Karmeliterkloster, das am Ende des 16. und in der ersten Hälfte des 17. Jhs. errichtet wurde, existiert nicht mehr. Im Gotteshaus muß die Mudéjardecke des einzigen Schiffes hervorgehoben werden, der wunderschöne Aufsatz des Hochaltars im Churriguerastil und eine gotische Jungfrau Maria, die von den Katholischen Königen der nicht mehr existierenden Salvador Kirche-Moschee gestiftet wurde.

Nun gehen wir wieder zum Plaza del Carmen zurück, von dem wir über eine Treppe bis zur Pforte **Postigo de la Estrella** →101 kommen. Ganz in der Nähe führt die Cuesta Santa María Straße bis zum Platz gleichen Namens. Auf der rechten Seite beginnt die Treppe, die bis zur **Alcazaba** →100 führt. Vorher muß man aber die Stiftskirche **Real Colegiata de Santa María la Mayor** besuchen, die den Platz gleichen Namens präsidiert und bei der man Reste **römischer Thermen** →96 gefunden hat. In den Jahren von 1514 und 1550 im Renaissancestil errichtet, obwohl auch gotische Elemente existieren, verfügt die Kirche über eine monumentale mit kleinen Türmchen abgeschlossenen Fassade, mit drei hohen von Verstärkungen getrennten Bogen, all das mit Mauernischen verschiedener Ausführungen. Die drei mit Mudéjardecken ausgestatteten Schiffe werden von Rundbogen auf ionischen Säulen getrennt. In dieser Stiftskirche wurde der Lehrstuhl für Grammatik gegründet, aus dem sich die Dichtergruppe Antequeras des Goldenen Jahrhunderts Spaniens entwickelte, an dessen Spitze Pedro Espinosa stand, dem auch die in der Mitte des Platzes stehende Statue gewidmet wurde.

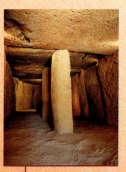
Dolmen von Menga.

Nach dem Besuch der Gartenanlagen, des Adarve-Weges und der Türme der Alcazaba, verlassen wir den Bereich durch den Bogen **Arco de los Gigantes**‚₁₀₂, dessen Projekt als Triumphbogen, im Jahr 1585 realisiert, auf Art eines Museums eine Dekoration aus römischen Resten und Grabsteinen beherbergte, von welchen einige verschwunden sind und andre durch Kopien ersetzt wurden. Gehen wir nun durch die Calle de los Herradores Straße bis zum Plaza del Portichuelo weiter. Der Platz wird von der **Tribunenkapelle Virgen del Socorro** präsidiert, die mit einem schönen zweiteiligen barockem Portal aus Ziegelstein versehen ist und von einem kleinen quadratischem Element abgeschlossen wird. Die Jungfrau *Virgen del Socorro Coronada*, eines der wichtigsten Bildnisse der Osterwoche Antequeras, befindet sich in der nahen Kirche **Iglesia de Santa María de Jesús**. Aber gehen wir zum Plaza del Portichuelo zurück, um von dort die Cuesta Real bis zur Kirche **Iglesia de San Juan Bautista hinunterzugehen**, ein manieristisches Werk aus dem Ende des 16. Jhs. in der das angebetete Bildnis des *Cristo de la Salud y de las Aguas* untergebracht ist. In der Nähe dieser Kirche, die Steigung beherrschend die neben ihr beginnt, kommen wir zum Tor **Puerta de Málaga**‚₁₀₁, das zur Klause **Ermita de la Virgen de la Espera** umgebaut wurde.

Zurück am Plaza del Portichuelo führt uns die steile Álvaro de Oviedo Straße hinunter zur Pasillas Straße, an deren Beginn wir das manieristische Portal des **Palacio de los Marqueses de las Escalonias** sehen können. Weiter vorne, auf der linken Seite, liegt der kleine Platz der seinen Namen von der Kirche **Iglesia de Santo Domingo** hat und dessen Kloster, das in den Jahrhunderten 17 und 18 erbaut wurde, nicht mehr existiert. Das Mittelschiff ist von einer vielfarbigen Mudéjardecke bedeckt und die barocke Altarkapelle beherbergt das populäre Bildnis der Jungfrau Maria *Virgen de la Paz Coronada*. Eine weiter Kapelle ist der Jungfrau Maria *Virgen del Rosario* geweiht.

Die Cuesta de la Paz Steigung bringt uns zum Plaza de San Sebastián zurück, wo wir unseren Rundgang begonnen haben. Um ihn zu beenden, können wir die Hauptstraße Calle del Infante Don Fernando in Richtung der Ala-

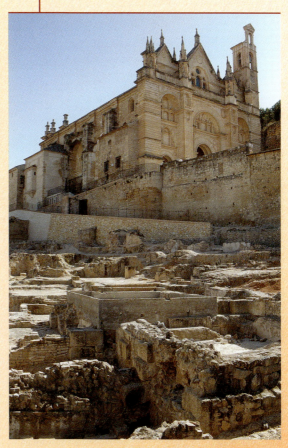

Stiftskirche Santa María mit Thermen im Vordergrund.

Ausflüge in den Norden der Provinz

Arco de los Gigantes – Bogen der Riesen.

meda de Andalucía und zum Stierkampfplatz **Plaza de Toros** nehmen, in den ein Stierkampfmuseum der Gemeinde, bzw. **Museo Taurino Municipal** untergebracht ist. In der dem Eroberer gewidmeten Straße stehen drei interessante Gebäude. Am Beginn das Kloster **Convento de San Agustín**, das Mitte des 16. Jhs. erbaut wurde. Die Altarkapelle der Kirche verfügt über ein gotisches Kreuzgewölbe, aber die Decke des Schiffes, von Siloé entworfen, wurde im 17. Jahrhundert durch eine Decke aus manieristischen Gipsarbeiten ersetzt. Weiter vorne erhebt sich auf der rechten Seite, nach einer neubarocken Fassade aus der Mitte des 20. Jhs., der **Gemeindepalast**, ein ehemaliges Tertiarier Franziskanerkloster, das von der Gemeinde im Jahr 1845 nach der Säkularisierung des Kirchengutes erstanden wurde. Interessant sind der ehemalige Patio des Kreuzganges, die Marmortreppe und ihr Gewölbe sowie jene des Sitzungssaales. Neben der Gemeinde befindet sich das Kloster **Convento de Nuestra Señora de los Remedios**. Am Hochaltar der Kirche sticht ein barocker Altaraufsatz mit salomonischen Säulen hervor, in dessen Altarkapelle das Bildnis der Jungfrau Maria, die gleichzeitig Schutzherrin der Stadt ist, hervorsticht und aus dem Beginn des 16. Jhs. stammt.

Capilla Virgen del Socorro.

14 km südlich von Antequera liegt die **Naturlandschaft El Torcal**, ein Karstmassiv von einzigartiger Schönheit wo alpine Faltenbildung Kalkschichten des Meeres in die Höhe hob, die dann ein Bergland bzw. eine Sierra bildeten. Im Laufe von Millionen von Jahren bearbeitete die Erosion von Wind und Wasser dieses Gestein und ließ Felsbildungen entstehen in der unsere Phantasie Riesen, Monster, Säulen in Schraubenform, Burgen und Kathedralen zu entdecken scheint. Am Informationszentrum der Schutzhütte beginnen zwei markierte Wanderwege: der gelbe, ca. zwei Stunden, führt durch ein geologisch sehr attraktives Gebiet, während uns der rote, ein längerer Weg, ein größeres Kenntnis der botanischen Schätze dieser Sierra bietet. Abgesehen von besonderen und perfekt an ein sehr wechselhaftes Mikroklima angepassten Pflanzen und Blumenarten, wie z.B. wilde Orchideen, wird der Park von geschützten Tierbeständen, unter ihnen Raubvögel, Bergziegen, Füchse und Wiesel bewohnt. Ergänzend existiert eine Aussichtsterrasse mit attraktiven Aussichten auf die Sierra.

Von der Straße die Antequera mit Álora verbindet zweigt ein Weg vom Tal Valle de Abdalajis ab und verläuft in Serpentinen am Fuße der steilen Felswände der Sierra bis zum Dorf El Chorro. In der Nähe des Dorfes haben die Gewässer des Flusses Río Guadalhorce die Schlucht **Desfiladero de los Gaitanes** bzw. **Garganta del Chorro** ausgehöhlt. Ihre Felswände recken sich 180 m in die Höhe und bilden eine enge Schlucht, die an einigen Stellen eine Breite von 10 m nicht überschreitet. Schwindelerregende Perspektiven dieses geologischen Wunderwerkes werden vom Wanderweg des Königs, bzw. **camino del Rey** geboten, der wie ein von den Wänden hängender Balkon durch die Schlucht führt und diese auf einer Brücke überquert. Er wurde von König Alphons XII. Im Jahr 1921

Staudamm Guadalhorce (El Chorro).

onszentrum klärt detailliert über das Ökosystem auf und stellt getarnte Beobachtungsposten zur Verfügung, um die Tiere nicht zu stören.

Wenn man die Autovía in Richtung Granada fährt, liegt nach 20 km von Antequera die Stadt **Archidona**. Eine turdische Niederlassung, die im Laufe der Geschichte von Phöniziern, Karthagern, Römern, Muslimen und Christen bewohnt wurde. Es war in *Medina Arxiduna,* wo im Jahr 756 abd al-Rahman, einziger Überlebender der Omaijadendynastie, zum unabhängigen Emir von Damaskus gekrönt wurde. Während des Kalifats war sie Hauptstadt der Rayya, die der heutigen Provinz Málaga entsprach, und später wurde von den granadinischen Nasriden die Entwicklung der Seidenindustrie gefördert. Von seiner **maurischen Festung**, die auf dem hohen Berg errichtet wurde, zu dessen Füßen

eingeweiht Da er gegenwärtig repariert wird, ist es empfehlenswert sich über seinen Zustand zu informieren bevor man ihn durchgeht. Flußaufwärts wurde zu Begin des 20. Jhs. ein hydroelektrisches Werk gebaut, das vom Staudamm Conde de Guadalhorce mit Energie versorgt wird, der zusammen mit den Staudämmen Guadalhorce und Guadalteba das Gebiet um Málaga mit Wasser versorgt. Wenn man anschließend der Straße über den Staudamm Tajo de la Encantada folgt und eine Klause hinter sich läßt, kommt man zu einer Abzweigung auf der linken Seite die uns zu dem Ort führt, wo sich die wertvollen Reste von **Bobastro** →98 befinden.

Das Naturschutzgebiet **Laguna de Fuente de Piedra**, ca. 24 km von Antequera über die Autobahn A-92 entfernt, beherbergt am Winterende, während der Nistzeit, eine der bedeutendsten Kolonien des rosaroten Flamingos unseres Kontinents, abgesehen von anderen Vögeln wie Fischreiher, Seidenreiher, Kraniche und verschiedene Entenarten. Ein Informati-

Ein Felsengebilde im El Torcal.

dann die Stadt wuchs, sind ein Teil der Mauern und ein Tor erhalten geblieben. Außerhalb der Festung steht die Kapelle **Santuario de la Virgen de Gracia**, die über einer Moschee erbaut wurde und von der man eine schöne Aussicht auf die weite und attraktive Landschaft mit ihren Bergen und Tälern hat. Andererseits verfügt die Altstadt von Archidona über einen berühmten **achteckigen Platz**, der in den Jahren nach 1780 erbaut wurde. Sein Entwurf entspricht einer gelungenen Verbindung französischen Städtebaus und Ziegelsteinen im Mudéjarstil, dessen Bauwerk sich in künstlerischer Zweifarbigkeit von den weiß getünchten Mauern abhebt.

Achteckiger Platz in Archidona.